AULAS DE
TEORIA DO ESTADO

RICARDO ARNALDO MALHEIROS FIUZA
Professor convidado da Faculdade de Direito Milton Campos
Membro da Comissãode Seleção do
Instituto dos Advogados de Minas Gerais
Ex-Consultor Judiciário da ONU para o Timor-Leste
Autor do livro Direito Constitucional Comparado

MÔNICA ARAGÃO MARTINIANO FERREIRA E COSTA
Professora de Teoria do Estado/Direito Constitucional
na Faculdade de Direito Milton Campos – MG
Mestre em Direito Administrativo pela UFMG

AULAS DE
TEORIA DO ESTADO

4ª EDIÇÃO
REVISTA, ATUALIZADA E AMPLIADA

Belo Horizonte | 2016

Copyright © 2016 Editora Del Rey Ltda.

Nenhuma parte deste livro poderá ser reproduzida, sejam quais forem os meios empregados, sem a permissão, por escrito, da Editora.
Impresso no Brasil | *Printed in Brazil*

EDITORA DEL REY LTDA.
www.livrariadelrey.com.br

Editor: Arnaldo Oliveira

Editor Adjunto: Ricardo A. Malheiros Fiuza

Editora Assistente: Waneska Diniz

Coordenação Editorial: Wendell Campos Borges

Diagramação: Alexandre Cardoso

Revisão: RESPONSABILIDADE DO AUTOR

Capa: ALFSTUDIO

Editora / MG
Rua dos Goitacazes, 71 – Sala 709-C – Centro
Belo Horizonte – MG – CEP 30190-050
Tel: (31) 3284-5845
editora@delreyonline.com.br

Conselho Editorial:
Alice de Souza Birchal
Antônio Augusto Cançado Trindade
Antonio Augusto Junho Anastasia
Antônio Pereira Gaio Júnior
Aroldo Plínio Gonçalves
Carlos Alberto Penna R. de Carvalho
Dalmar Pimenta
Edelberto Augusto Gomes Lima
Edésio Fernandes
Felipe Martins Pinto
Fernando Gonzaga Jayme
Hermes Vilchez Guerrero
José Adércio Leite Sampaio
José Edgard Penna Amorim Pereira
Luiz Guilherme da Costa Wagner Junior
Misabel Abreu Machado Derzi
Plínio Salgado
Rénan Kfuri Lopes
Rodrigo da Cunha Pereira
Sérgio Lellis Santiago

342
F65d
	Fiuza, Ricardo Arnaldo Malheiros.
	    Aulas de teoria do estado / Ricardo Arnaldo Malheiros Fiuza e Mônica Aragão Martiniano Ferreira e Costa. 4. ed. Belo Horizonte: Del Rey, 2016.
	    228 p.
	    ISBN 978-85-384-0467-5
	    1. Ciência política. 2. Teoria do estado. I. Aragão Martiniano Ferreira e Costa, Mônica. II. Título.
	
	                                                                         CDU: 321.01

Dedicamos estas *Aulas de Teoria do Estado*
aos nossos mestres da Casa de Affonso Penna
e da Casa de Milton Campos,
dos quais rcebemos lições preciosas
e inesquecíveis do Direito do Estado.

Os coautores

Sumário

Prefácio... XIII
Apresentação XV

1º CAPÍTULO
DIVISÃO GERAL DO DIREITO

1. Introdução.. 1
2. Direito Natural.. 5
3. Direito Positivo... 6
   3.1 Direito Público e Direito Privado.................... 6
4. Chave Geral do Direito....................................... 8

2º CAPÍTULO
O ESTADO E SEUS ELEMENTOS CONSTITUTIVOS

1. Introdução.. 17
2. Conceito de Estado... 19
3. Elementos do Estado 20
   3.1 Elemento humano – População/Povo 20
   3.2 Elemento geográfico – Território 22
      3.2.1 Limites do território............................... 24
   3.3 Elemento formal: poder................................. 29

Leituras Complementares

Leitura 1: "Uma Nação, um Estado"....................... 30

Leitura 2: "França: problema jurídico-político" 33
Leitura 3: "A descisão plebiscitária da Grã-Bretanha" 34

3º CAPÍTULO
ORIGENS DO ESTADO

1. Introdução 37
2. A denominação Estado 38
3. Formações do Estado 39
   3.1 Formação Originária 40
      3.1.1 Teorias que se baseiam no agregado familiar. 40
      3.1.2 Teorias baseadas na reunião de indivíduos não (necessariamente) parentes 42
   3.2 Formação Derivada 51
      3.2.1 Separação de Estados preexistentes 51
      3.2.2 União de Estados preexistentes 51
4. Conclusão 52

Leitura Complementar

"Sob o Signo da Fraternidade" 53

4º CAPÍTULO
FORMAS DE ESTADO

1. Introdução 61
2. Centralização e descentralização 62
3. Classificação das Formas de Estado 63
   3.1 Estado Unitário 63
   3.2 Estado Regionalizado 64
   3.3 Estados Compostos 64
      3.3.1 Uniões políticas 65
      3.3.2 Confederações 66
      3.3.3 Federações 66

Leituras Complementares

Leitura 1: "URSS: Federação ou Confederação?" 69

Leitura 2: "Que Federação é esta?" 72
Leitura 3: "A UE e o Tratado de Lisboa" 73
Leitura 4: "O 1808 e as Formas de Estado do Brasil" 75
Leitura 5: "Nosso Distrito Federal é mesmo Federal?" 78

5º CAPÍTULO
FORMAS DE GOVERNO

1. Introdução 83
2. Formas de Governo segundo Aristóteles
   (385 – 322 a.C.) 84
3. Formas de Governo segundo Niccolò Machiavelli 102
   (1469 – 1527) 86
4. As Atuais Formas de Governo 87
   4.1 Monarquia 87
   4.2 República 90
       4.2.1 Classificações da República 90

Leituras Complementares

Leitura 1: "Plebiscito e Referendo" 96
Leitura 2: "Landsgemeinde: Lembrança Suíça da
Democracia Direta" 98
Leitura 3: "Prefiro O Sistema Semipresidencialista" 101
Leitura 4: "Não vou falar de Impeachement" 103

6º CAPÍTULO
PODER DO ESTADO

1. Introdução 105
2. Características do Poder do Estado 105
3. Soberania – Aspectos Gerais 108

Leituras Complementares

Leitura 1: "Do Poder Pessoal e do Poder Institucional (e
de um homem público que soube distingui-los)" 110
Leitura 2: "A Força da Opinião Pública" 113

7º CAPÍTULO
PODER CONSTITUINTE

1. Introdução 119
2. Natureza do Poder Constituinte 120
3. Definição do Poder Constituinte 121
4. Poder Constituinte Originário 122
5. Poder Constituinte Derivado 125
6. Limitações do Poder Constituinte Derivado ou de Revisão 127
7. Revisão, Emenda e Reforma Constitucional 129
8. Poder Constituinte Decorrente 130

Leituras Complementares

Leitura 1: "Por Falar em Constituinte" 131
Leitura 2: "Poder Constituinte Derivado" 134
Leitura 3: "Um Conselho Inconstitucional" 136
Leitura 4: "Esdrúxula Constituinte!" 137

8º CAPÍTULO
CONSTITUCIONALISMO

1. Introdução 141
2. Antecedentes 141
3. Constituição 144
4. Classificação das Constituições 147
5. A Constituição dos Estados Unidos da América do Norte 150
6. As Constituições Brasileiras 153
7. As Constituições Mineiras 158

Leituras Complementares

Leitura 1: "Por uma Constituição Legítima" 159
Leitura 2: "Constituições Promulgadas" 162

9º CAPÍTULO
OS "PODERES" CONSTITUÍDOS

1. Introdução 165
2. "A Separação de Poderes" – Considerações Históricas ... 166
3. O Legislativo 169
4. O Executivo 173
5. O Judiciário 177

Leituras Complementares

Leitura 1: "Seleção, Formação e Aperfeiçoamento de
Magistrados" 181
Leitura 2: "Modernidade no Judiciário Britânico" 183
Leitura 3: "Portugal: Um Constitucionalista na Presidência" . 185

10º CAPÍTULO
SUPREMACIA DA CONSTITUIÇÃO

1. Introdução 187
2. Definição de Inconstitucionalidade 188
3. Tipos e Sistemas de Controle de Constitucionalidade 189
4. Controle de Constitucionalidade no Brasil 193
5. Controle de Constitucionalidade em Minas Gerais 196

Leitura Complementar

"A Favor da Súmula Vinculante" 197

REFERÊNCIAS BIBLIOGRÁFICAS 201
CONSTITUIÇÕES E LEGISLAÇÃO 209

PREFÁCIO À 1ª EDIÇÃO

É sempre prazeroso o lançamento de um novo livro na área da Teoria do Estado e da Constituição, especialmente quando escrito em linguagem clara e objetiva, iniciando com o pensamento certo e terminando com a palavra correta, sem malabarismos exegéticos ou modismos da época.

Este é o compromisso destas "Aulas de Teoria do Estado", de Ricardo Fiuza e Mônica Aragão.

Ricardo Fiuza, dedicado e assumido servidor do Tribunal de Justiça de Minas Gerais, onde ocupou os mais altos cargos, professor respeitado de Teoria do Estado, estudioso do Direito Público, com pós-graduação nas Universidades de Évora e Lisboa e no Centro de Estudos Judiciários de Portugal, autor de várias obras jurídicas, ex-assessor judiciário da ONU para o Timor-Leste, é hoje referência no Brasil na área do Direito Constitucional. Acredito, no entanto, que de todos estes títulos, o que mais deve significar para Ricardo Fiuza é o de professor e mestre de incontáveis gerações, às quais revelou todo o seu carisma no ato de ensinar.

Mônica Aragão, ex-aluna de Fiuza, é Mestra em Direito Administrativo e, como ele, servidora do Tribunal de Justiça mineiro. Também acredito que, de todos os títulos que ostenta, Mônica Aragão deve preferir o de professora, pois não fosse assim, razão inexistiria para a elaboração e publicação destas "Aulas de Teoria do Estado", já que, pela sua vida acadêmica e titulação, poderia ter optado pela publicação de outros trabalhos de natureza teórico-científica.

O livro ora lançado, que incorpora a rica experiência de magistério dos autores, na área da Teoria do Estado, na Faculdade de Direito Milton Campos, analisa o Estado do ponto de vista histórico, político, jurídico e sociológico, visando a construção de seu perfil democrático, e contém ainda estudos de Teoria da Constituição.

Elucidativas e contemporâneas são as "leituras complementares" que vêm ao final de cada "Aula", como que revelando a indispensável interação entre a teoria e a realidade política do dia a dia.

Ao carregar a força da criação de seus autores, estas "Aulas" nos induzirão a pensar os grandes temas da Teoria do Estado: são, portanto, bem-vindas as lições dos Mestres Ricardo Fiuza e Mônica Aragão.

Kildare Gonçalves Carvalho
Professor de Direito Constitucional da
Faculdade de Direito "Milton Campos"
Desembargador do Tribunal de Justiça de Minas Gerais

APRESENTAÇÃO À 4ª EDIÇÃO

Em 1998, parei de dar aulas regulares na querida Faculdade de Direito "Milton Campos", como vinha fazendo desde 1976. Mas não deixei de ser professor dessa "fábrica de esperanças", como a chamou o mestre Décio Fulgêncio.

Sucedeu-me na cadeira de Teoria do Estado (anterior Teoria Geral do Estado) a minha brilhante ex-aluna Mônica Aragão Martiniano Ferreira e Costa.

Graduada pela "Milton Campos" na turma de julho/1991, a Professora Mônica Aragão tem o título de Mestre em Direito Administrativo pela Faculdade de Direito da UFMG, com defesa de dissertação em 2001.

Dando-me a honra de adotar em suas excelentes aulas os meus roteiros originais, ela os foi aprimorando e atualizando. E, agora, juntos, os transformamos em textos.

E, convidando-me sempre para dar a última aula do semestre, continuamos como que trabalhando em dupla.

Daí surgiu a ideia da parceria na elaboração deste livro, que ora apresento e ao qual demos o nome de "Aulas de Teoria do Estado".

Divide-se em dez capítulos, correspondentes aos dez pontos do programa de Teoria do Estado adotado na "Milton Campos" e em muitas outras faculdades de Direito do Brasil inteiro, e são os seguintes: Divisão Geral do Direito; O Estado e seus Elementos Constitutivos; Origens do Estado; Formas de Estado; Formas de Governo; Poder do Estado; Poder Constituinte; Constitucionalismo; Os "Poderes" Constituídos; e Supremacia da Constituição.

Após cada um deles, vêm "leituras complementares", artigos de minha autoria ou de Mônica, que não constam dos meus dois livros jurídicos disponíveis nas livrarias especializadas: "Direito Constitucional Comparado" (Del Rey/4ª edição) e "O Poder Judiciário no Brasil" (Del Rey/edição quadrilíngue/2ª edição).

Nesta 4ª edição, acrescentamos mais artigos meus e da Professora Mônica Aragão.

Estas "Aulas de Teoria do Estado" são dedicadas aos alunos do bacharelado, podendo ser úteis, também, a pós-graduandos e a candidatos a concursos públicos na área jurídica.

A Professora Mônica Aragão e eu tivemos um grande prazer de elaborar estas "Aulas", propositalmente objetivas e práticas, que queremos compartilhar com nossos leitores, através deste livro (que já recebeu "crítica" por ser muito claro e de leitura fácil...) sob o prestigioso selo da conceituada Livraria Del Rey Editora.

Belo Horizonte, junho de 2016

Ricardo Arnaldo Malheiros Fiuza

1º Capítulo

DIVISÃO GERAL DO DIREITO
Posicionamento do Direito Constitucional, da Ciência Política e da Teoria do Estado

1. INTRODUÇÃO

Para o entendimento do fenômeno estatal, tanto quanto para a iniciação da ciência jurídica, faz-se necessário compreender as relações entre o Estado e o Direito.

Partindo do entendimento de que o Estado não é apenas um sistema geral de normas (orientação da denominada Escola do Direito Puro de Hans Kelsen, de Merkl etc. – monismo jurídico), nem um fenômeno puro da Sociologia (orientação que apresenta o Direito sob o prisma das relações de convivência, da realidade psicossocial, reunindo nomes como de Duguit, Ferri etc. – pluralismo jurídico), estabeleceu-se uma corrente de equilíbrio que conjuga os fenômenos norma e fato social, expressa na concepção culturalista do Estado e do Direito, desenvolvida por Miguel Reale que considera o Estado "uma realidade cultural constituída historicamente em virtude da própria natureza social do homem, sem negar a contribuição que consciente e voluntariamente o homem tem trazido à organização da ordem estatal." (Reale, Miguel. *Teoria do Direito e do Estado*, p. 3-11)

Percebe-se a impossibilidade de se conceituar o Estado com exclusão do Direito, pois, embora pertençam a realidades distintas, são interdependentes e inseparáveis.

a) Conhecimento espontâneo do Direito

A ligação do direito à vida humana é incontestável. O Professor Edgard de Godoi da Mata-Machado realça que, desde a mais tenra idade, a criança tem como certo o postulado, segundo o qual o que é bom deve ser feito, e evitado o que é mau. Igualmente, na infância se entremostra o senso de justiça: o que se combinou há de ser cumprido. É certo que, de manhã à noite, tudo quanto fazemos está regrado pelo Direito.

O homem é um ser social e tem necessidade de viver junto ao seu próximo. Em virtude de sua natureza racional (a inteligência e razão humanas), o indivíduo pede a vida em sociedade.

A sociedade, como definiu Jacques Leclercq, "é uma união durável, em vista de um fim comum." (*apud* Paupério, A. Machado. *Introdução ao estudo do direito*, p. 17).

Para Machado Paupério, a família, o sindicato, a universidade são sociedades imperfeitas, porque só podem atender a fins parciais do homem. O Estado e a Igreja são, nos âmbitos natural e sobrenatural, sociedades perfeitas, pois podem satisfazer a todas as necessidades do homem.

Ainda, para o professor fluminense, o homem possui uma natureza social que o leva a viver em comum com seus semelhantes. Em sociedade o homem se desenvolve e aprimora, quer sob o aspecto moral ou material.

A vida próxima entre os homens exige que o arbítrio individual ceda às necessidades do grupo. A convivência social exige regras de convivência, sem as quais estabelecer-se-ia o caos social.

A sociedade é o meio que permite o surgimento e o desenvolvimento do Direito que se constrói sobre a base moral e social, para reger as condutas das pessoas, tendo função corretiva e civilizadora, sem poder contrariar a realidade em que está inserido, porque perderia sua eficácia.

b) Direito – diferentes acepções do termo

Etimologicamente, o termo Direito vem do verbo *dirigere* (supino: *directu*), cuja raiz é *rectu*. Segundo Alves da Silva, a ideia de retidão, contida no próprio conceito, comum de linha reta, é das mais comuns quando relacionada ao Direito. O Direito se define como tudo quanto é reto na ordem dos costumes.

O Direito é uma realidade da vida social. Encontramos duas acepções principais do termo: 1) "Direito como regra social" de conduta, obrigatória, geral, abstrata, e 2) "Direito como algo devido" (*debitum*).

b.1) Direito-regra – Direito objetivo e Direito subjetivo

Em primeiro exame, o Direito aparece como regra imposta à conduta dos homens, enquanto membros da sociedade.

É regra bilateral, ou mesmo, plurilateral, pois envolve, liga, vincula entre si os que lhe estão sujeitos. É imperativa, pois ordena ações e omissões. É atributiva, porque atribui faculdade a uns e obrigações a outros.

A regra como expressão do direito apresenta dois lados: um objetivo, outro subjetivo.

> – Se temos em vista a regra em si mesma, a exemplo de um artigo da Constituição ("É garantido o direito de propriedade"), estamos diante do "aspecto objetivo do direito" (*norma agendi – norma de conduta*).
> – Quando nos referimos ao direito que A ou B possui de tirar proveito de sua propriedade, por exemplo, de alugá-la, de vendê-la, de opor-se à sua utilização por outrem; quando afirmamos que, no Direito brasileiro, existem ações que podem ser praticadas pelo cidadão; enfim quando aludimos à regra do Direito do ponto de vista do sujeito, por lhe ser atribuída ou colocada à disposição, evidenciamos o "aspecto subjetivo do direito" (*facultas agendi – faculdade de agir*). (Mata-Machado, Edgar de Godoi da. *Elementos de teoria geral do direito*, p. 37).

b.2) Direito como algo devido

Em outra acepção, o Direito aparece como coisa-devida, coisa-atribuída, o que é devido a cada um. O Direito justo.

O Professor Edgar de Godoi insiste que

> *debitum* (coisa-devida) ou regra de Direito (que existe para que se dê a cada um o que lhe é devido); o Direito é fenômeno social, algo da vida humana em sociedade. E ressalta que, não toma "coisa" exclusivamente como objeto material, que se faz presente aos sentidos, mas como objeto (*ob-jectum*, o que-é-lançado diante de...)

que pode ser conhecido e representado de maneira concreta, embora nem sempre sensível. Ao lhe acrescentar a conotação "devida", especifica o modo como o Direito é uma coisa (um objeto, algo concreto ou concretizável) (MATA-MACHADO, Edgar de Godoi da. *Elementos de teoria geral do direito*, p. 38).

Assim,

em uma operação de compra e venda de um apartamento, o comprador tem o poder de ter o apartamento, ao vendedor de "receber a importância" a ele correspondente, o vendedor "não tem mais poder de propriedade do imóvel", enquanto o comprador "não tem mais poder sobre o dinheiro de que dispôs". A posse do imóvel a quem comprou e o dinheiro a quem vendeu constituem a realidade social objetiva chamada *debitum*, o que é devido (MATA-MACHADO, Edgar de Godoi da. *Elementos de teoria geral do direito*, p. 39).

Nessas importantes acepções pode-se dizer que Direito é regra social de conduta obrigatória, geral, abstrata; e Direito é algo devido.

Se existe a regra é para assegurar que se dê, ou se atribua, a cada um o que lhe é devido, isto é o Direito – Direito conteúdo da relação jurídica, da lei, da sentença, do ato de governo ou de administração.

Em lição sintética, Clóvis Beviláqua afirma que "o Direito é uma regra social obrigatória" (BEVILÁQUA, Clóvis. *Teoria Geral do Direito Civil*, p.17).

Mas, na linguagem comum e na linguagem científica, além das acepções apontadas, os autores costumam distinguir outros sentidos do vocábulo "direito".

A título de ilustração, vale a lição de André Franco Montoro que revela as significações do termo "direito", empregado em sentido nitidamente diverso nas seguintes expressões:

1 – o "direito" brasileiro proíbe o duelo (direito- norma);
2 – o Estado tem "direito" de cobrar impostos (direito-faculdade);

3 – o salário é "direito" do trabalhador (direito-justo);
4 – o "direito" é um setor da realidade social (direito-fato social);
5 – o estudo do "direito" requer métodos próprios (direito-ciência) (MONTORO, André Franco. *Introdução à ciência do direito*, p. 26).

Feitas essas notas introdutórias, põe-se em relevo a Divisão Geral do Direito para posicionar o Direito Constitucional, a Ciência Política e a Teoria do Estado (Teoria Geral do Estado).

2. DIREITO NATURAL

O Direito natural é o conjunto de princípios, superior e anterior ao Estado, de caráter norteador, sem força coercitiva.

Há algo devido ao homem, enquanto mesmo que homem, tendo em vista sua essência, aquilo que é, sua natureza, raiz dos atos que pratica; que correspondem a exigências concretas de sua natureza.

O Direito natural se exprime por meio da "lei natural" (princípios inerentes à própria natureza social do homem).

O Professor Edgar de Godoi ilustra:

> a vida, por exemplo, quer se considere em relação a cada indivíduo, a vida de cada um, quer se considere a própria vida social; a propagação da espécie pela união do homem à mulher, a educação dos filhos, o acesso de todos aos bens da cultura, o aperfeiçoamento intelectual e moral da pessoa humana, o respeito à sua liberdade e dignidade, são direitos naturais, atribuíveis ao homem, fundamentalmente, pela regra de direito natural, consagrada em normas que existem na sociedade e nela comandam atos e omissões, independentemente de sua criação ou mesmo de seu reconhecimento pelo Estado, não são criadas por ato da vontade humana, não é produto artificial, arbitrário do homem (MATA-MACHADO, Edgar de Godoi da. *Elementos de teoria geral do direito*, p. 40).

3. DIREITO POSITIVO

O Direito Positivo é o conjunto de normas consequência do Estado, contando com a força coercitiva deste. O Direito positivo se exprime por meio da "lei positiva" (normas vigentes no Estado).

Mata-Machado, catedrático mineiro, preleciona:

> A sociedade em seu conjunto, dentro dela a sociedade ou o corpo político, e como instrumento do corpo político, o Estado (sociedade política manifestada pelo Estado), podem, ou simplesmente reconhecer, as regras naturais ou criar outras coisas devidas ao homem, membro da sociedade ou do corpo político, então, o que era antes regra devida da natureza e mais a regra devida, conquistada pelo homem ou a ele atribuída, pelas exigências da vida social e política, vão constituir o que se chama direito positivo.
>
> Tudo quanto é direito natural, pode, assim, vir a manifestar-se em regras de direito positivo, e não só o que é de direito natural, mas toda uma série indefinida de normas que regulamentam a conduta do homem, menos do ponto de vista estrito das exigências de sua natureza do que das exigências da própria vida social em sua complexidade e tendo em vista uma ordem pacífica e justa. (MATA-MACHADO, Edgar de Godoi da. *Elementos de teoria geral do direito*, p. 40)

3.1 Direito Público e Direito Privado

O Direito Positivo divide-se em "público" e "privado".

Desde o Direito Romano esta divisão do Direito é conhecida, e, segundo a lição de Ulpiano – "o Direito Público diz respeito às coisas do Estado, o Privado, à utilidade dos Particulares".

Essa divisão é clássica e acompanhou a evolução do Direito. Contudo, não é completa, inexistindo, na verdade, um critério perfeito para essa distinção. Hans Kelsen negou fundamento à tradicional divisão, afirmando que todo Direito é Público em relação à sua origem e à sua condição de validade, visto que provém sempre do Estado e não possui eficácia sem a força coativa do poder estatal.

A teoria monista não se coaduna inteiramente com a realidade, pois o Estado não é a única fonte de revelação do Direito, embora o seja da lei – o Direito estatal. Fora do Estado existem outros centros de determinação jurídica: as igrejas, as associações, etc.

Importa realçar que o Direito Público e o Direito Privado não estão separados por um abismo, havendo entre eles uma interligação, porém, sem confundi-los em única ordenação das relações sociais.

Inúmeros são os critérios propostos para esta divisão, tais como, o do "Interesse Preponderante" e do "Conteúdo Patrimonial", mas nenhum inteiramente satisfatório.

Afonso Arinos de Melo Franco (*Direito constitucional*, 1976), reconhecendo a interminável querela teórica sobre Direito Público e Direito Privado, afirmou que existem determinadas disciplinas jurídicas que se referem diretamente à ação soberana do Estado e visam ao interesse da comunidade, sendo, pois, eminentemente públicas. Entre elas, está logicamente o Direito Constitucional, que, por sua própria finalidade, é essencialmente Direito Público. E foi o notável Santi Romano, em sua obra "Princípios de direito constitucional geral", quem afirmou que o Direito Constitucional é o verdadeiro "tronco do Direito do Estado, de onde partem os vários 'ramos' da mesma ordenação pública".

Na realidade atual, a Constituição brasileira de 1988 reordenou os parâmetros de interpretação do Direito Privado. Segundo Cristiano Chaves de Faria e Nelson Rosenvald, "ao reunificar o sistema jurídico em seu eixo fundamental (vértice axiológico), estabelecendo como princípios norteadores da República Federativa do Brasil a *dignidade da pessoa humana* (art. 1º, III), *a solidariedade social* (art. 3º) e a *igualdade substancial* (arts. 3º e 5º), além da *erradicação da pobreza e redução das desigualdades sociais, promovendo o bem de todos* (art. 3º, III e IV), a Lex Fundamentalis de 1988 realizou uma interpenetração do direito público e do direito privado, redefinindo os seus espaços, até então estanques e isolados. Tanto o direito público quanto o privado devem obediência aos princípios fundamentais constitucionais, que deixam de ser neutros, visando ressaltar a prevalência do bem-estar da pessoa humana." (*apud* Gonçalves, Carlos Roberto. Direito civil brasileiro, parte geral, p. 44).

Em visão unitária do sistema, os ramos do Direito (público e privado) devem ser interpretados a partir da fonte primária principiológica, a Constituição da República.

Assim, diante dos vários critérios possíveis e do aspecto didático, optamos pela "Doutrina de Ferrara" ou, também denominada, "Doutrina da Posição".

O italiano Ferrara propõe distinção que pode ser assim sintetizada:

> – O Direito Público caracteriza-se por relações jurídicas em que o Estado aparece na posição de soberano em relação ao particular.
> – O Direito Privado caracteriza-se por relações jurídicas em que o Estado não aparece ou aparece em posição de igualdade com o particular.

A partir dessas noções apresentamos a Chave Geral do Direito, incluindo suas divisões e subdivisões mais importantes. Convém ressaltar que essa divisão não é rígida nem definitiva, pois diversos novos ramos continuam a se formar como direitos autônomos.

4. CHAVE GERAL DO DIREITO

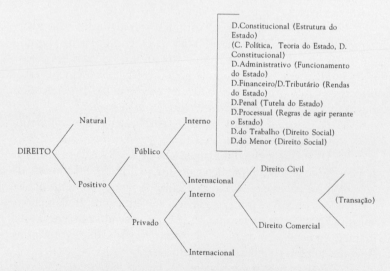

A Ciência Política, a Teoria do Estado (Teoria Geral do Estado) e o Direito Constitucional são disciplinas fronteiriças.

Ciência Política

Marcelo Caetano ensina que o conceito de Ciência Política não está definitivamente fixado em termos que hajam logrado aceitação universal e, de acordo com as diversas posições dos autores, destaca dois conceitos extremos:

> o conceito restrito, segundo o qual a Ciência Política será apenas a disciplina que estuda as manifestações, as formas e as regularidades dos fatos políticos, em si mesmos ou através do comportamento dos indivíduos, mediante métodos de observação; e o conceito amplo que engloba na Ciência Política todos os conhecimentos, seja qual for o método empregado na sua obtenção, relativos à compreensão, explicação e fundamento racional dos fatos políticos, ordenados e sistematizados em função do seu objeto. (CAETANO, Marcelo. *Direito constitucional*, p. 26)

Pode-se dizer, então, que a Ciência Política tem por objeto de estudo o fato político; todo conhecimento ligado à instituição, existência e exercício do poder político, que se produzem como conseqüência da vida em sociedade.

Cada vez mais, a realidade mostra que não há como estudar Ciência Política sem considerar o Estado, que é o *locus* em que o fato político se manifesta e desenvolve. Além do mais, o Estado é reconhecido como pessoa jurídica, cuja vontade se expressa por determinadas pessoas ou órgãos. Assim, o poder do Estado possui limitação jurídica, sendo o Estado sujeito de obrigações e deveres. Logo, o poder do Estado é poder jurídico, como também político.

Dalmo de Abreu Dallari comenta que, no Brasil, até recentemente, era obrigatório o ensino de Teoria Geral do Estado nos cursos jurídicos como parte do Direito Constitucional, todavia, por "decisão do governo federal, a partir de dezembro de 1994 o ensino da Teoria Geral do Estado continuou a ser obrigatório, mas, de maneira ambígua, o ato governamental menciona, entre as disciplinas fundamentais do curso jurídico, 'Ciência Política (com Teoria do Estado)'. Uma vez que são disciplinas diferentes, a conclusão lógica é que se tornou obrigatório ensinar Ciência Política junto com Teoria do Estado". (DALLARI, Dalmo de Abreu. *Elementos de teoria geral do Estado*, p. 5)

TEORIA DO ESTADO (TEORIA GERAL DO ESTADO)

A Teoria Geral do Estado é ciência teórica, que se propõe a estudar o Estado no que ele tem de essencial e permanente no tempo. É parte geral do Direito Constitucional, a sua estrutura teórica. A Teoria do Estado sintetiza e integra os princípios básicos das ciências sociais, jurídicas e políticas, que têm o Estado como objeto de estudo em determinado momento histórico. Ela analisa o Estado sob os aspectos de sua gênese, evolução, organização e finalidade.

Para Alexandre Groppali, a Teoria Geral do Estado compreende três doutrinas que se integram, formando a Doutrina do Estado:

a) teoria sociológica do Estado: estuda a origem e a evolução do Estado;

b) teoria jurídica do Estado: trata da organização e personificação do Estado;

c) teoria justificativa do Estado: cuida dos fundamentos e fins do Estado.

Segundo Miguel Reale, a

> Teoria Geral do Estado recebe dados das diferentes ciências particulares e depois os reelabora, para chegar a uma síntese de elementos essenciais e constantes. O Estado aparece como uma pirâmide de três faces, a cada uma delas correspondendo uma parte da ciência geral: uma social, objeto da 'Teoria Social do Estado', analisa a formação e o desenvolvimento da instituição estatal diante de fatores sócio-econômicos; outra jurídica, objeto da 'Teoria Jurídica do Estado', estuda o ordenamento jurídico da instituição; uma terceira política, que trata da 'Teoria Política do Estado', explica a finalidade do governo em razão dos sistemas de cultura.

Em sua concepção do Estado como uma realidade histórico-cultural, Miguel Reale afirma que a Teoria do Estado

> cuida de problemas múltiplos, realiza uma análise dos vários ordenamentos jurídicos positivos para alcançar as uniformidades da positividade da ordem estatal segundo os diferentes graus de evolução histórica; estuda o Estado material e formalmente, tanto no seu aspecto sociológico e econômico quanto no momento em que a realidade social é vista como 'realidade jurídica', em sua estrutura formal e em sua função normativa; dedica especial atenção aos fins da convivência que mais diretamente se ligam à instituição do Estado, examinando esses fins – não *in abstrato* – mas *in concreto*, segundo condições objetivas de lugar e tempo. (REALE, Miguel. *Teoria do direito e do Estado*, p. 128)

De origem alemã, a Teoria Geral do Estado foi introduzida no Brasil nos idos de 1940. Após 1994, em virtude da mencionada Portaria do MEC (n. 1.886, de 30.12.1994), foi estabelecido novo currículo jurídico, sendo introduzida a denominada Teoria do Estado, a ser lecionada em separado ou vinculada à Ciência Política.

Por fim, o Estado deve ser compreendido em sua evolução histórica sob os aspectos social, jurídico e político, cujos fins harmonizem a convivência humana em respeito à cidadania, num constante e progressivo processo democrático.

Direito Constitucional

O Direito Constitucional é o ramo por excelência do Direito Positivo Público e tem por objeto de estudo uma realidade normativa, a Constituição.

Este ramo autônomo e fundamental do Direito Positivo cuida de matéria referente à estrutura, fins e funções do Estado, à titularidade e organização do poder político e aos limites de sua atuação (direitos fundamentais e controle da constitucionalidade).

O Direito Constitucional se define como a ciência "que estuda os princípios e normas estruturadores do Estado e garantidores dos direitos e liberdades individuais". (JACQUES, Paulino. *Curso de Direito Constitucional*)

O estudo do Direito Constitucional, a seu turno, subdivide-se em: Direito Constitucional Geral, que abrange a Teoria do Estado, a Teoria da Constituição, os aspectos gerais do Direito Constitucional, tais como, a hermenêutica, a interpretação e aplicação das normas constitucionais; Direito Constitucional Especial, materializado na Constituição de um determinado Estado; e o Direito Constitucional Comparado, que analisa os aspectos constitucionais em relação ao tempo e ao espaço.

Podemos concluir que a Ciência Política, a Teoria do Estado e o Direito Constitucional são disciplinas políticas e seus objetos se superpõem.

Direito Administrativo

O Direito Administrativo tem por objeto de estudo o funcionamento do Estado, ou seja, a Administração Pública, os órgãos, os agentes, as pessoas jurídicas administrativas, as atividades administrativas e os bens de que utiliza para atingir seus fins, de natureza pública.

Direito Financeiro/Direito Tributário

O Direito Financeiro é o todo do qual faz parte o Direito Tributário, aquele estuda os princípios e as regras que regulam a despesa, a receita, o orçamento e o crédito público, enquanto esse estuda a criação e a exigência dos tributos.

Direito Penal

O Direito Penal disciplina os atos e as condutas que, por colocarem em risco a própria convivência social, são considerados pela ordem jurídica crimes ou contravenções susceptíveis de sanções, igualmente especificadas pelo Estado.

Direito Processual

O Direito Processual tem por objeto de estudo as regras de agir perante o Estado nas situações de natureza civil, penal ou especial.

Direito do Trabalho

A doutrina diverge quanto à inclusão do Direito do Trabalho como ramo do Direito Público ou Privado, pois, apesar de regular relações, via de regra, entre particulares (empregado e empregador), sofreu tamanha ingerência estatal, que muitos entendem classificá-lo, nos dias atuais, como Direito Público.

A socialização do Direito se apresenta em todas as esferas jurídicas, justificando a intervenção do Estado, em função do interesse coletivo. Tal aspecto se faz evidente no Direito do Trabalho, que regula as relações individuais e coletivas de trabalho e a condição social dos trabalhadores.

Direito do Menor

O Direito do Menor disciplina os deveres da família, do Estado e da sociedade de assegurar à criança e ao adolescente o direito à vida, à saúde, à alimentação, à profissionalização, à cultura, ao lazer e protegê-lo de toda forma de opressão, negligência, exploração e crueldade.

Direito Internacional Público

> "O Direito Internacional Público ou Direito das Gentes é o conjunto de princípios e regras destinadas a reger os direitos e deveres internacionais tanto dos Estados e outros organismos análogos, quanto dos indivíduos". (ACCIOLY, Hildebrando. *Manual de direito internacional público*, p. 1)

Direito Civil

O Direito Civil é o ramo fundamental do Direito Privado ou Direito Comum.

> "Disciplina o estado e a capacidade das pessoas e suas relações de caráter privado, atinentes à família, às coisas; às obrigações e à transmissão hereditária dos patri-

mônios". (RÁO, Vicente. *Apud* MONTORO, André Franco. *Introdução à ciência do direito*, p. 420)

Direito Comercial (Direito de Empresa)

Com o advento do novo Código Civil (Lei n. 10.406, de 10.1.2002) muito se alardeou sobre a pretendida absorção do Direito Comercial pelo Direito Civil. O Professor Wille Duarte Costa afasta todo o engano, salientando que o "Direito Comercial continua com seus princípios, diferentes do Direito Civil", e que "algumas normas de Direito Comercial estão colocadas no Código Civil", em especial no título referente ao "Direito de Empresa", expressão que se aproxima do Código Italiano. (COSTA, Wille Duarte. *Títulos de crédito*, p. 19)

O Direito Comercial é uma especialização do Direito Civil. Este ramo autônomo do Direito cuida das organizações econômicas que produzem bens e serviços, estimuladas pela possibilidade de obterem lucro.

> O Direito Comercial cuida do exercício dessa atividade econômica organizada de fornecimento de bens ou serviços, denominada empresa. Seu objeto é o estudo dos meios socialmente estruturados de superação dos conflitos de interesses envolvendo empresários ou relacionados às empresas que exploram. As leis e a forma pela qual são interpretadas pela jurisprudência e doutrina, os valores prestigiados pela sociedade, bem assim o funcionamento dos aparatos estatal e paraestatal, na superação desses conflitos de interesses, formam o objeto da disciplina. (COELHO, Fábio Ulhoa. *Manual de direito comercial*, p. 4)

Direito Internacional Privado

Não é um Direito propriamente dito, pois, reflete, apenas, uma técnica especial de aplicação das leis ou de julgamento. Um tratamento nacional especial para o fato internacional.

Amilcar de Castro ensina que o Direito Internacional Privado tem a função de auxiliar e, em sua magistral lição, ilustra:

> Assim como, em cada estação de estrada de ferro, se encontra uma linha auxiliar, pela qual os trens não viajam, mas serve apenas para manobras que os põem em posição de viajar para este ou aquele lugar, assim, também, em cada jurisdição se encontra o direito internacional privado a auxiliar a apreciação jurídica dos fatos anormais. É direito auxiliar. (CASTRO, Amílcar de. *Direito internacional privado*, p. 103)

O Professor Osiris Rocha dá-nos esta definição:

> Direito Internacional Privado é o setor em que se encontram as normas do direito interno de cada país, que autorizam o juiz nacional a aplicar ao fato interjurisdicional o direito a ele adequado, mesmo que esse direito seja estranho ou estrangeiro. (ROCHA, Osiris. *Curso de direito internacional privado*, p. 1).

2º Capítulo

O ESTADO E SEUS ELEMENTOS CONSTITUTIVOS

1. INTRODUÇÃO

Na difícil tarefa de traçar uma definição de Estado, diante de sua complexidade como fato social, primeiramente emitiremos uma noção. Para tanto, nesta introdução, buscamos na lição de Darcy Azambuja os atributos fundamentais do Estado.

Na história de todas as sociedades "chegou um momento em que os homens sentiram o desejo, vago e indeterminado, de um bem que ultrapassasse o seu bem particular e imediato e que ao mesmo tempo fosse capaz de garanti-los e promovê-los. Esse bem é o bem comum ou bem público, e consiste num regime de ordem, de coordenação e esforços e intercooperação organizada. Por isso o homem se deu conta de que o meio de realizar tal regime era a reunião de todos em um grupo específico, tendo por finalidade o bem público. Assim, a causa primária da sociedade política reside na natureza humana, racional e perfectível (Dabin – Doctrine Générale de l'Etat)". (AZAMBUJA, Darcy. *Teoria geral do Estado*, p. 3)

De acordo com o desenvolvimento social e a mentalidade de cada grupo, o instinto social leva ao Estado, criado pela "razão e a vontade humana".

No dizer de Burdeau: "o Estado é um 'artifício' da inteligência humana".

Na visão de Azambuja, com exceção da família, a que, pelo nascimento, o homem forçosamente pertence, mas de cuja tutela se liberta com a maioridade, em todas as outras sociedades o homem ingressa e se retira quando quiser. (*op. cit.*)

Da tutela do Estado, porém, o homem não se emancipa. O Estado envolve o homem, antes do seu nascimento, com a proteção dos direitos do nascituro, e se prolonga até depois de sua morte, na execução de suas últimas vontades. (*ibidem*).

O Estado é uma sociedade dividida em governantes e governados, e nos limites de seu território, pretende a supremacia sobre todas as instituições. (*ibidem*).

O Estado é o depositário da vontade social e fixa a situação de todas as outras organizações. Assim, tudo que não contrariar o seu controle é realizado com sua permissão. Segundo Azambuja, na lição de Harold Laski, o Estado não permite ao homem desposar a irmã; mas permite desposar a prima. E continua:

> Todas as demais sociedades têm a organização e a atividade reguladas pelo Estado, que pode suprimi-las ou favorecê-las. Nenhuma delas tem poder direto sobre o indivíduo e só conseguem dele o cumprimento das obrigações assumidas se o Estado as reconhece, e somente o Estado possui legitimamente força para tornar efetiva a obediência. (AZAMBUJA, Darcy. *Teoria geral do Estado*, p. 4)

Se o indivíduo não cumpre as normas da Igreja a que pertence, fica sujeito a certas consequências de natureza moral, se dela se retira, pode sofrer perda de estima de certas pessoas, pode sofrer excomunhão. Mas, nenhuma outra coação efetiva o atinge. (*ibidem*).

"Com o Estado é diferente. Eu não me posso furtar às suas decisões senão a preço de uma penalidade". O Estado pode decidir cobrar-me pesados impostos, pode obrigar-me a sacrificar a vida em uma guerra que eu considere moralmente injusta. (*ibidem*).

Sob esse aspecto, o Estado aparece aos indivíduos como poder de mando, como governo, como dominação. Suas decisões obrigam a todos que habitam seu território. (*ibidem*).

Subentende-se e supõe-se que o Estado assim procede para realizar o bem público, por isso e para isso tem autoridade (direito de mandar e ser obedecido) e dispõe de poder (é a força por meio da qual se obriga alguém a obedecer), cuja manifestação concreta é a força. (AZAMBUJA, Darcy. *Teoria geral do Estado*, p. 5).

2. CONCEITO DE ESTADO

A primeira explicação que temos a fazer, embora pareça elementar, é que a palavra Estado, no Brasil, é mais usada para representar uma das unidades da Federação. Na nossa linguagem comum, chamamos de país o Brasil e de estados as unidades federadas, Minas Gerais, Rio de Janeiro, etc. Mas, no Direito Constitucional quando se fala em Estado, refere-se àquilo que chamamos costumeiramente de país, termo imperfeito que está mais ligado à paisagem, à geografia, do que à organização político-jurídica a ser estudada.

Portanto, ao se mencionar aqui a palavra Estado – com "E" maiúsculo – estaremos falando de uma unidade do mundo político, com personalidade de direito público internacional.

Entre as diversas definições de Estado, a melhor é a do italiano Ranelletti:

> O Estado é um povo fixado em um território e organizado sob um poder de império, supremo e originário, para realizar, com ação unitária, os seus próprios fins coletivos. (Lo stato è 'un popolo stanziato su un territorio e organizzato sotto um potere supremo originario d'impero, per attuare con azione unitaria i propri fini collettivi'. (RANELLETTI, Oreste. *Istituzioni di diritto pubblico il nuovo diritto pubblico, della repubblica italiana*; parte generale; p. 64)

A presente definição é especial por duas razões. A primeira, mais importante, é porque o autor começa a definir o Estado como um "povo"; depois é que ele apresenta os outros dois elementos indispensáveis, essenciais e constitutivos do Estado, que são o "território" e o "poder".

É verdade: antes de tudo, o Estado é um "povo" que pensa, que sente e quer realizar as suas metas, de maneira uníssona, não importando as diferenças de raça, língua, religião ou correntes partidárias. É um povo com espírito de nação e precisa se organizar de baixo para cima.

A segunda razão da preferência pela definição de Ranelletti está no fato de que ela nos apresenta clara e didaticamente os três elementos constitutivos do Estado.

A expressão "poder de império", usada por Ranelletti, significa "poder de mando", que é supremo e tem sua origem no primeiro termo da definição, que é o elemento humano.

E a finalidade do Estado que, para o italiano, é constituída pelo interesse público, em particular, para manter a defesa, a ordem e a tranqüilidade, além de conservar e elevar o progresso do povo, segundo um alto princípio de justiça e de solidariedade social.

3. ELEMENTOS DO ESTADO

Os elementos de constituição do Estado podem ser materiais ou concretos (povo/população e território) e formal ou abstrato (poder).

3.1 Elemento humano – População / Povo

Ranelletti em sua definição usa a palavra "povo", não "população".

No entanto, preferimos *a palavra* população *por ser mais completa. Explicamos: é que na Teoria do Estado, a palavra* "povo" *tem sentido rígido, é o conjunto dos cidadãos,* isto é o conjunto dos que podem votar e ser votados. Por sua vez, "população", na Ciência do Estado, não é termo meramente estatístico, e, sim, no dizer de Amilcar de Castro, "o conjunto de todos os indivíduos submetidos em caráter permanente, a uma determinada ordem jurídica". Aí estão não só os que votam e são votados, mas todos os indivíduos (inclusive menores, incapazes e estrangeiros permanentes) que, com seu trabalho, sua produção, suas manifestações, suas necessidades, suas greves, participam, positivamente ou negativamente, da força do Estado.

O ideal, na verdade, é que a população seja quase toda povo, que toda ou quase toda população possa participar efetivamente dos destinos de seu Estado.

Anota-se, segundo Canotilho, que o termo "povo", nas democracias atuais, tem-se afastado do sentido de cidadãos ativos, para ser entendido como uma "grandeza pluralística" (P. Häberle), ou seja, como uma pluralidade de forças culturais, sociais e políticas tais como partidos, associações, grupos, igrejas, comunidades, personalidades, instituições, influenciadoras da formação de opiniões, crenças e valores, plurais, convergentes ou conflitantes.

Apresentada a concepção de povo/população, é, igualmente, importante esclarecer "o que vem a ser" Nação.

A palavra nação foi utilizada nos mais variados sentidos para atender os interesses vigentes em determinada época. O termo ganhou relevância desde o momento em que os povos europeus passaram a constituir os Estados Nacionais (sécs. XVI e XVII) como forma de unificar e solidificar o poder, com as praticas mercantilistas, a exemplo da criação de uma moeda nacional, a proteção do mercado nacional, o monopólio comercial sobre as colônias, o desenvolvimento do comércio e da manufatura. Como criação artificial, o conceito de nação foi muito utilizado no século XVIII para consolidar a conquista política da burguesia, economicamente poderosa. O século XIX foi marcado, em nome da grandeza das nações, por uma desmedida conquista imperialista ou "novo colonialismo", em que as potências industrializadas, para resolverem os problemas do excesso de produção e garantirem os seus lucros, buscaram o domínio de outros países transformados em colônias, obrigados a comprar os produtos da metrópole e a fornecerem mão-de-obra barata. No século XX, o mundo assistiu às duas guerras mundiais, fomentadas, em parte, pela exploração dos denominados sentimentos nacionais. O século XXI abre as suas portas clamando pela união de todas as nações por um mundo mais fraterno e solidário.

O conceito de nação é variável segundo o autor e estudioso. A nação pode ser caracterizada por um conjunto de indivíduos ligados por origens e história comuns, que convivam com objetivos sólidos e com consciência social. A mesma raça, língua e religião não são fatores determinantes de nação. A sua compreensão expressa um conceito moral, psicológico e espiritual.

A nação não tem significação jurídica, porém, como realidade sociológica, em sentido psicossocial, é de inegável importância, influindo sobre a organização e o funcionamento do Estado.

"Assim é que, o Estado pode existir com um povo, mas somente será grande e duradouro se repousar sobre uma nação."

Colocada nestes termos, podemos dizer que nação é consciência coletiva; é o "plebiscito de todos os dias", como queria Renan; é "um Estado em potência", como afirma Miguel Reale. Nação é espírito. Nação é a alma que alenta um povo e dá força ao Estado, para criá-lo, mantê-lo vivo e recriá-lo, se preciso for. A gente a encontra, portanto, na mente e no coração, no pensamento e na vontade, dos indivíduos somados (e não massificados) no grupo humano que se constitui em povo, primeiro e originário elemento de um possível Estado.

Em conclusão, a nação é o sentimento de um grupo de indivíduos unidos pela origem comum, pelos interesses comuns, por ideais e aspirações comuns. Denota o sentimento de patriotismo: aspirações de grandezas futuras, amor às tradições e simpatias recíprocas.

3.2 Elemento geográfico – Território

O segundo elemento constitutivo do Estado, o território, é o palco, *é a* "base física e geográfica do Estado", *como diz Kelsen*. Na Teoria do Estado, não interessa que o território seja grande ou pequeno, contínuo ou descontínuo, fértil ou estéril, rico ou pobre. "Interessa que o território seja bem definido, bem delimitado, a fim de que o elemento humano que ali vive saiba a que organização, a que Estado, está submetido; ou melhor de que poder participa."

Não há Estado nômade. O território do Estado "é o espaço dentro do qual é permitido que os atos do Estado, em especial, os seus atos coercitivos, sejam efetuados."

Considerando que o território é elemento constitutivo do Estado, questão complexa é a de fixar as relações jurídicas entre o Estado e o seu território.

Paulo Bonavides (*Ciência política*, p. 99-105) sintetiza as principais teorias, que são as seguintes:

a) A teoria do território-patrimônio

Essa teoria firmada na Idade Média, quando não se distinguia o Direito Público do Direito Privado, chegou até os tempos modernos, ignorando o *imperium* (soberania territorial) e o *dominium* (propriedade do Estado) como conceitos desconformes e concebendo o poder do Estado sobre o território da mesma natureza do direito do proprietário sobre o imóvel.

b) A teoria do território-objeto

Os juristas vislumbram no território o objeto de um direito real de caráter público. Nessa teoria, a relação do Estado com seu território é meramente de domínio. Professada sobretudo por Laband, essa doutrina empresta caráter de direito das coisas às relações do Estado com seu território.

c) A teoria do território-espaço

Segundo essa teoria, o território do Estado significa a "expressão espacial da soberania do Estado". A relação entre o Estado e o território é de direito pessoal, jamais de direito real. O poder que o Estado exerce sobre o território se refere a pessoas ou se aplica por intermédio de pessoas como *imperium*, nunca como *dominium*.

Nesta concepção está a doutrina de Jellinek, segundo a qual o direito do Estado sobre o seu território é um direito reflexo, ou seja, é por meio das pessoas que o Estado exerce o poder sobre o território:

> Il territorio come base spaziale alla esplicazione della signoria dello Stato rispetto all'esterno e all'interno. – Questa signoria non è 'dominium', ma 'imperium'. – Impossibilità di una proprietà pubblica. – La signoria statale sul territorio ha carattere non di diritto reale, bensì personale. – Il diritto statale sul territorio è simplicemente um diritto riflesso. (JELLINEK, Giorgio. *La dottrina generale del diritto dello Stato*, p.14).

d) A teoria do território-competência

Obra dos juristas da denominada Escola de Viena, que passaram a considerar o território um elemento determinante da validez da norma. Essa teoria, defendida sobretudo por Kelsen, considera o território o âmbito de validade da ordem jurídica do Estado.

Procurando sintetizar os aspectos fundamentais das principais teorias, Dalmo de Abreu Dallari estabeleceu as seguintes conclusões:

1) Não existe Estado sem território. A perda temporária do território não desnatura o Estado, que continua a existir enquanto não se tornar definitiva a impossibilidade de se reintegrar o território com os outros elementos.

2) Nos limites territoriais a ordem jurídica do Estado é soberana, dependendo dela admitir a aplicação, dentro do âmbito territorial, de normas jurídicas do exterior. Em caráter excepcional, certas normas jurídicas atuam além dos limites territoriais, visando diretamente à situação pessoal dos indivíduos, contudo, sem poder concretizar providência externa sem a permissão de outra soberania.

3) Por ser o limite de atuação soberana do Estado, o território é objeto de direitos. Assim, havendo interesse do povo, o Estado pode alienar uma parte do território, bem como, em situações especiais, usar o território sem qualquer limitação. (DALLARI, Dalmo de Abreu. Elementos de teoria geral do Estado, p. 89-90)

3.2.1 Limites do território

A delimitação das fronteiras do Estado tem importância por definir os limites do poder estatal, além de dar estabilidade às relações sociais.

Para o estudo dos limites de atuação do Estado, o território pode ser considerado real e ficto.

A) Território real é aquele que corresponde a uma verdadeira base geográfica, compreendendo:

a) Solo: Superfície da terra

Com relação à delimitação do território terrestre, as fronteiras eram diferenciadas entre as naturais (fixadas por acidentes geográficos), as artificiais (estabelecidas por tratados) e as esboçadas (não definidas com precisão). Todavia, com o avanço técnico da aerofotogrametria, tal classificação perdeu sua importância, pois, não há, praticamente, linha de fronteira que não esteja precisamente estabelecida.

b) Subsolo

Camada do solo abaixo da superfície terrestre. Segundo Hildebrando Accioly, qualquer que seja sua profundidade, ele pertence ao Estado, que possui o território do solo correspondente.

c) Águas internas

São os rios, lagos, mares internos dentro das fronteiras do Estado. As águas internas estão sujeitas à soberania do Estado que integram.

d) Águas limítrofes

São os lagos, os rios e quaisquer correntes de água que sirvam de limites com outros Estados. A utilização das águas limítrofes deve ser regulamentada em acordo entre os Estados diretamente interessados.

e) Águas litorâneas (ou mar territorial)

São águas da faixa costeira que estão sob a soberania dos Estados litorâneos. O mar territorial brasileiro é fixado pela Lei n. 8.617, de 4.1.1993, como de 12 milhas marítimas de largura, medidas a partir da linha de baixa-mar do litoral continental e insular. Essa lei previu uma zona econômica exclusiva, compreendendo uma faixa que se estende das 12 às 200 milhas marítimas, em que o Brasil tem direitos de soberania para fins econômicos de exploração e aproveitamento.

De relevância para o Direito Internacional, a noção de águas interiores é dada por Celso D. Albuquerque Mello como "aquelas localizadas entre a costa e o limite interior do mar territorial". As águas interiores (portos, ancoradouros, baías etc) não estão submetidas ao direito de passagem inocente e o Estado litorâneo exerce a sua soberania plena. (*Curso de Direito Internacional Público*, Rio de Janeiro: Renovar, 14ª ed., 2002, vol. II, p. 1139).

O direito de passagem inocente advém da liberdade dos mares e "consiste na permissão da passagem do navio por águas territoriais, com a condição de não ameaçar ou perturbar a paz, a boa ordem e a segurança do Estado costeiro. (...) A passagem independe de autorização prévia." (André Lipp Pinto Basto Lupi. O direito internacional e as zonas costeiras *in http://jus2.uol.com.br/doutrina/texto.asp?id=9959*, acesso em 14.04.2010).

Paulo Henrique Gonçalves Portela ensina que a "passagem inocente é a navegação pelo mar territorial com o fim de atravessá-lo sem penetrar nas águas interiores, sem fazer escala num ancoradouro ou instalação portuária situada dentro ou fora das águas interiores ou sem dirigir-se para as águas interiores ou delas sair."

Assinala, o mesmo autor, que nos termos da Convenção de Montego Bay (art. 27), "o Estado costeiro não exercerá sua jurisdição penal a bordo de navio estrangeiro que passe por seu mar territorial com o fim de deter qualquer pessoa ou de realizar qualquer investigação com relação a uma infração criminal cometida a bordo dessa embarcação durante a sua passagem, salvo nos seguintes casos: se o ato tiver consequências para o Estado costeiro; se o ilícito puder perturbar a paz do Estado ou a ordem no mar territorial; se a assistência das autoridades locais tiver sido solicitada pelo capitão do navio ou pelo representante diplomático ou consular do Estado de bandeira; ou se essas medidas forem necessárias para a repressão de tráfico ilícito de entorpecentes." (*Direito Internacional Público e Privado, JusPodium:* Salvador, 2009, p. 452).

No Brasil, a Lei 8.617/93 reconhece o direito de passagem inocente pelo mar territorial brasileiro desde que não seja prejudicial à paz, à boa ordem ou à segurança do país, devendo ser contínua e rápida. Estabelece, ainda, que os navios estrangeiros no mar territorial brasileiro estarão sujeitos aos regulamentos do governo brasileiro.

Na prática, no mar territorial, o Brasil exerce soberania plena, excepcionada pelo "direito de passagem inocente". Significa dizer que esse instituto do Direito Internacional aplicado ao Direito Penal brasileiro (art. 5º, § 2º do Código Penal) pode gerar situação excepcional em que crime cometido a bordo de navio mercante estrangeiro, de passagem pelo mar territorial do país, esteja fora da jurisdição brasileira, salvo quando procedente de águas interiores. Esta limitação à jurisdição deve observar a condição de ser a passagem rápida e continua e a infração penal não afetar um bem jurídico nacional. (Código Penal – "Art. 5º Aplica-se a lei brasileira, sem prejuízo de convenções, tratados e regras de direito internacional, ao crime cometido no território nacional. (...) § 2º. É também aplicável a lei brasileira aos crimes praticados a bordo de aeronaves ou embarcações estrangeiras de propriedade privada, achando-se aquelas em pouso no território nacional ou em vôo no espaço aéreo correspondente, e estas em porto ou mar territorial do Brasil.").

Os navios militares gozam de imunidade de jurisdição, mas sua retirada do mar territorial pode ser exigida pelo Estado costeiro caso não cumpram as leis e regulamentos referentes à passagem pelo mar territorial, ficando responsáveis pelos danos causados.

O "mar aberto" (ou alto-mar) é a parte do oceano que se acha fora da soberania de qualquer Estado.

f) Espaço aéreo

É aquele compreendido entre as verticais traçadas a partir das linhas de separação do território, envolvendo o mar territorial, se existente. A soberania do Estado estende-se ao espaço aéreo.

Várias teorias foram formuladas sobre o limite vertical da soberania do Estado, sem, contudo, haver um consenso. Dentre elas, autores afirmam que o Estado teria soberania até o infinito, outros, que ela se referiria apenas à região onde fosse possível o voo de aviões. As questões relativas ao espaço aéreo têm sido reguladas por convenções internacionais.

A Convenção de Chicago (1994 – Decreto 21.713, de 27.08.1946), que se aplica apenas às aeronaves civis, consagrou as chamadas cinco liberdades do ar, duas técnicas: direito de sobrevoo e direito de escala técnica para reparações; três comerciais: direito de "desembarcar passageiros e mercadorias procedentes do Estado de origem da aeronave", direito de "embarcar passageiros e mercadorias com destino ao Estado de origem da aeronave", direito de "embarcar e desembarcar passageiros e mercadorias procedentes de, ou com destino a, terceiros países". (Paulo Henrique G. Portela, p.464).

O espaço sideral foi objeto do Tratado do Espaço Exterior (1967 – Decreto 64.362, de 17.04.1969), sendo certo que o espaço e os corpos celestes não são apropriáveis por qualquer Estado.

g) Plataforma continental

Compreende o leito e o sub-solo das áreas submarinas. A plataforma continental brasileira é especificada pelo art. 11 da Lei n. 8.617/93. Nesse espaço territorial, o Brasil exerce direitos de soberania para exploração dos recursos naturais.

B) Território ficto não corresponde a uma verdadeira base física

Realçamos que as normas do ordenamento jurídico de um Estado só podem ser aplicadas no seu território. É a denominada territorialidade das leis. Entretanto, tal regra admite exceção, podendo o direito de um determinado Estado ser aplicado aos seus nacionais fora do seu território. É o chamado privilégio de extraterritorialidade, gerador de imunidade jurídica perante a ordem jurídica local. Esse privilégio aplica-se aos Chefes de Estado e agentes diplomáticos, estendendo-se aos navios e aviões. O fundamento da imunidade é garantir o desempenho das respectivas funções.

O "território ficto", denominação imperfeita hoje pouco utilizada, aparece nas embaixadas, nas legações diplomáticas, nos navios e aviões para designar a extensão do direito de um determinado Estado fora dos limites de seu território.

A Embaixada é o local de trabalho do embaixador, que é um agente diplomático que representa e defende os interesses do Estado a que pertence junto ao Estado estrangeiro. Os privilégios e imunidades diplomáticos podem ser classificados em: inviolabilidade (pessoal, residência oficial e particular, carro, papéis, correspondência), imunidade de jurisdição civil e criminal e isenção fiscal (do agente diplomático).

As legações diplomáticas são missões de categoria inferior às embaixadas, são os consulados, órgãos (repartições) que atuam em nível local. Os cônsules são agentes públicos do Estado que os envia para o estrangeiro, cuidam dos interesses de seus concidadãos, atuam como notários, favorecem o desenvolvimento de relações comerciais, econômicas, culturais e científicas. Os funcionários consulares de carreira gozam de privilégios e imunidades mais restritos do que os dos agentes diplomáticos.

Os navios e aviões militares gozam de imunidade em relação ao Estado costeiro e se encontram submetidos à jurisdição do Estado do seu pavilhão, em virtude de seu caráter representativo e o respeito mútuo dos Estados. Assim é que necessitam de autorização prévia (licença especial) para navegarem em águas territoriais ou sobrevoarem o espaço aéreo de outro Estado.

Os navios e aviões mercantes quando em alto-mar e espaço aéreo comum encontram-se sujeitos à jurisdição de seu Estado nacional.

Os aviões mercantes, em território estrangeiro, sem prejuízo de tratados firmados, submetem-se à jurisdição do Estado territorial e não possuem o direito de passagem inocente, necessitando, em regra, de autorização para sobrevôo (Paulo Henrique G. Portela, p. 461).

Por sua vez, os navios mercantes (privados), em território estrangeiro, estão submetidos às leis do Estado costeiro a que corresponde o mar territorial e possuem o "direito de passagem inocente" (Celso Mello, p. 1244).

3.3 Elemento formal: poder

O terceiro elemento é o "poder". Os dois primeiros, população e território, são elementos materiais, enquanto que este, o poder, é "formal". Ou, se quisermos, podemos dizer, em linguagem mais simples, que a população e o território são elementos concretos, enquanto o poder é o elemento abstrato.

E isto é muito importante que se frise: o poder não é material, não é concreto; é formal, é abstrato.

Ora, se, como aprendemos, desde a gramática elementar, que o abstrato necessita de um concreto para existir, de qual dos dois elementos necessita o poder de Estado para existir, como "força" que é? Evidentemente que não é do "território", que é "palco", e, sim, do "elemento humano", que pensa. Assim, o poder não é um terceiro elemento concreto do Estado (como acontece nas monarquias absolutas ou nas ditaduras) e, sim, reside, no Estado de Direito, no povo e na população que o formam.

"O poder no Estado é político e jurídico ao mesmo tempo", na expressão de *Miguel Reale*. Toda manifestação de poder, que é força, está carregada destas duas conotações: uma dosagem de poder político, que é a vontade de "realizar", a qualquer preço, sem qualquer obstáculo, e outra de poder jurídico, que é aquele nascido do Direito e exercido somente para a consecução dos fins previstos em lei.

O poder político é mais evidente nos órgãos legislativo e executivo, enquanto o poder jurídico aparece mais no órgão jurisdicional. Mas eles estão sempre mesclados, em dosagens variáveis, no Poder do Estado, o que será estudado mais adiante no sexto capítulo.

LEITURAS COMPLEMENTARES

Leitura 1:
UMA NAÇÃO, UM ESTADO

As expressões *Estado* e *Nação* não são sinônimas, mas intimamente ligadas. São termos que, na ordem natural e legítima, podem e devem ser sequência e consequência, um (*o Estado*) da outra (*a Nação*).

Procurando usar a *taxinomia*, sistemática que o grande Amílcar de Castro tanto defendia em suas obras e que consiste em classificar e definir as palavras com a devida precisão, vamos ver que, embora não expressões sinônimas, não pode haver Estado sem a correspondente Nação. Mais ainda: a cada *Estado* deve corresponder uma só *Nação*, e vice-versa.

E o que é *Nação*? E o que é *Estado*?

Nação é consciência coletiva, é pensamento uníssono. É o "plebiscito de todos os dias", como queria o pensador francês *Renan*. É um "estado em potência" como afirmou *Miguel Reale*. É espírito. É alma que alenta um povo a criá-lo, mantê-lo vivo e recriá-lo, se preciso for.

A Nação encontra-se, portanto, na mente e no coração, no pensamento e na vontade, dos indivíduos somados (e não massificados) no grupo humano que se constitui em povo, primeiro e originário elemento de um possível Estado.

E o *Estado* se forma na combinação efetiva de três elementos essenciais: a *população* e, dentro dela, o povo, o *território* e o *poder*. O Estado é uma unidade do mundo, com personalidade jurídica de Direito Internacional Público.

Para que o Estado seja perfeito, segundo seus elementos constitutivos, é preciso que tenha uma população homogênea, um território definido e um poder legítimo e soberano. Na *população homogênea* é que reside o espírito de nação. E a homogeneidade do elemento humano do Estado não quer dizer a mesma raça, a mesma religião, o mesmo partido político, a mesma língua falada.

É, sim, aquele pensamento uníssono (e não unânime), a que já nos referimos. É aquela vontade coletiva, no esforço de conseguir os fins comuns, a meta de uma comunidade. Atingir o *goal*, como dizem os anglófonos.

Discordando de grandes autores, ousamos dizer que é difícil, ou até impossível, constituir-se um Estado sobre várias nações. Ou partir-se uma nação em dois ou mais Estados. Vejo, ora com tristeza, ora com satisfação, os exemplos dos dois casos, que têm acontecido e estão a acontecer no nosso planeta, e cito alguns sem preocupação cronológica.

Assim, a Alemanha, dividida em dois Estados, pela ocupação guerreira, uniu-se novamente, graças ao espírito da germânica nação, que era e é um só. Nem o poderio bélico norte-americano conseguiu manter a divisão sobre a nação vietnamita. As Coreias não se aceitaram até hoje; ainda existe o Paralelo 38. Quem não se lembra da heroica e sangrenta "Primavera de Praga"? Era a nação checa que gritava contra a opressão soviética! E a União Soviética, por sua vez, implodiu-se em, no mínimo, quinze Estados, correspondentes às quinze nações subjugadas pelo Kremlim.

A Iugoslávia, unida em federação pela força do heroi Tito, continua a se desintegrar em Estados nacionais. Nem o exército do impetuoso D. Pedro I conseguiu manter no território do Brasil a Província Cisplatina, hoje *República de la Banda Oriental del Uruguay*, colonizada que fora pelos espanhois e não pelos portugueses. Reflexo de duas nações que nunca formarão um "Estado Ibérico", sonho de Saramago.

Não houve guerras, tratados ou casamentos que mantivessem a Irlanda, com sua fortíssima alma nacional, incorporada no Reino Unido da Grã-Bretanha. A Espanha, por sua vez, mantém-se um só Estado, graças à ciência de sua legítima Constituição de 1978, que procura, pacífica e politicamente, criar e manter *una nación de naciones*, mesmo com as recalcitrâncias catalã e basca.

A União Europeia, com o recente *Tratado de Lisboa*, forma uma confederação (e não uma federação), em que as soberanias e as *identidades nacionais* de seus 27 Estados terão que permanecer, podendo, se o quiserem, separar-se da União Europeia, que não é uma nação europeia, nem um Estado único.

A Bélgica, pequenina e importante, anda às voltas com o crônico problema entre flamengos e valões, que falam em separação, a corresponder com as duas antigas nações. Já a Suíça, Estado federal, com quatro línguas oficiais, duas religiões marcadas, um toque alemão, um francês e um italiano, vive em perfeita convivência numa helvética *nação*.

O cientista político Fareed Zakaria, em sua prestigiada coluna da *Newsweek* (14. jan. 2008) observa, preocupado, os conflitos internos na Índia, no Paquistão, no Iraque, em Israel, no centro da Europa e, principalmente, na África negra, todos em consequência da falta de uma identidade nacional, correspondente ao Estado.

E, curiosamente, mas com razão, Zakaria afirma que "a globalização e a democratização são os largos caminhos do dia e ambas têm o efeito de fortalecer pequenos grupos dentro dos países". Dele divirjo, quando diz que isso enfraquece o Estado-Nação, pois, a meu juízo, o que periga são justamente os *"Estados Artificiais"*, surgidos inconsequentemente , com régua e compasso, nas antigas colônias europeias.

No Quênia, exemplo recente, onde vivem (e não convivem) 40 tribos, falta o espírito conjunto de nação, e nem as eleições gerais, há pouco realizadas, conseguiram "curar" essas dolorosas divisões. Pelo contrário!

Não defendemos, é claro, aquele nacionalismo exacerbado, xenófobo, de que o nazismo e o fascismo são trágicas lembranças e, sim, uma cidadania coletiva, uma soberania nacional, formada pela soma das soberanias individuais (Rousseau), um ideal comum, um sadio orgulho pátrio, que se faz naturalmente, historicamente, sem imposições exclusivistas, baseadas em raças, religiões, ideologias e, até mesmo, em línguas.

Entendemos, com firme convicção, fruto de estudo e observação, que o Brasil, como *Estado*, tem, indiscutivelmente, a sua correspondente *Nação*. Ela está no coração e na mente de sua vasta e diferenciada população, na qual brancos, negros, indígenas, mulatos, mamelucos, cafuzos, e imigrantes de todos os cantos, raças e credos do mundo, vivem e sofrem juntos. Andam sofrendo mais que vibrando, mas juntos...

Aureliano Chaves, em belo artigo, escreveu que somos um povo com atávico sentido de nacionalidade, herdado dos portugueses que aqui se estabeleceram juntos de negros e índios, criando uma nação antes do país e um país antes do Estado.

Pode-se até falar em preconceito racial no Brasil, porém o curioso e bonito é que os negros chegados d'África, vieram de várias regiões e diferentes tribos, muitas inimigas entre si, mas algo aqui os uniu em espírito. Orgulham-se de ser brasileiros! O mesmo ocorre entre os nossos nativos, que formavam "nações" indígenas visceralmente adversárias. Hoje, todos, mesmo reclamando seus direitos (e, às vezes, até exagerando nas reclamações), vestem a camisa verde-amarela.

É histórico o episódio ocorrido no Século XVI, quando um

branco (André Vidal de Negreiros), um negro (Henrique Dias) e um índio (Felipe Camarão) comandaram, juntos, a expulsão dos holandeses do Nordeste brasileiro. Gilberto Freyre, "o intérprete do Brasil", afirmou em "Casa Grande e Senzala":

"Híbrida desde o início, a sociedade brasileira é de todas da América a que se constituiu mais harmoniosamente quanto às relações de raça."

Se o Estado é a sociedade política e juridicamente organizada, vê-se aí o fenômeno brasileiro no sentimento de nação.

Fernando Pessoa, em sua épica "Mensagem", canta: "As nações todas são mistérios. Cada uma é todo o mundo a sós". Esse *mistério* é imprescindível à vida material e moral do Estado. (FIUZA, Ricardo A. Malheiros. *Pela Ordem*, OAB-MG, n. 1, agosto 2008)

Leitura 2:
FRANÇA: PROBLEMA JURÍDICO-POLÍTICO

Os elementos constitutivos do Estado são três: o "elemento humano" (que se pode chamar de população ou de povo, conforme o caso), o "elemento geográfico" (território) e o "elemento formal" (poder).

População e povo, na ciência jurídica, não são expressões sinônimas e, sim correlatas: "População é a soma de todos os indivíduos que se acham submetidos, em caráter permanente, a uma determinada ordem jurídico-política" (Amílcar de Castro). Enquanto povo é a soma de todos os cidadãos que se encontram dentro da população. Cidadãos são os indivíduos que têm direitos políticos, os que podem votar, em suma.

E para que o Estado seja perfeito, quanto a seus elementos, é preciso que a população (dentro dela, o povo) seja homogênea, que o território seja certo, definido em suas fronteiras, e que o poder seja soberano e legítimo.

A homogeneidade da população, característica indispensável para a vida do Estado, não está propriamente na raça, na cor da pele, na religião, na língua ou num condenável partido político único. Todos esses fatores podem conviver perfeitamente numa população, que será homogênea, quando nela houver "espírito de nação". Nação é consciência coletiva, é o "plebiscito de todos os dias" (Renan), é a alma que alenta uma população e que dá força ao Estado, para criá-lo e mantê-lo vivo, em paz.

Esse espírito de nação, que não precisa ser unânime e, sim,

uníssono, é que fez, por exemplo, a França resistir, quando ocupada e vencida, ou a Alemanha ressurgir das ruínas da sua guerra e até se unir, depois, num Estado só.

Dirigindo o nosso olhar para a França, a viver triste e perigoso momento de graves distúrbios, que ameaçam aquela altiva e orgulhosa República, vemos claramente, que o problema está num dos referidos elementos essenciais ao Estado: a "população". A heterogeneidade do elemento humano, ali, é evidente. Entre os franceses de origem e os imigrantes africanos e árabes (mesmo os nascidos em território francês), que vivem em guetos, não há a necessária identidade nacional. No caso, as diferenças raciais, culturais e religiosas estão interferindo e impedindo que se forme o espírito uníssono de nação. O que não era necessário acontecer.

No Brasil, por exemplo, cuja população (e, dentro dela, o povo) é formada por três raças diferentes, a "alma nacional" está presente no dia-a-dia do país, mesmo com diversidades sociais, graças à miscigenação iniciada pelos portugueses e a uma integração natural, que vem ocorrendo na história da sociedade brasileira.

Todos os imigrantes que para cá têm vindo, de tantos países, mesmo cultuando suas origens, passam a se orgulhar de serem brasileiros, e transmitem tal sentimento aos seus descendentes.

As severas medidas de emergência que estão sendo tomadas na França se justificam no momento, mas as autoridades francesas e o próprio povo precisam pensar em uma solução jurídico-política, duradoura e profunda, que possibilite que "a liberdade, a igualdade e a fraternidade" realmente prevaleçam naquele país. (FIUZA, Ricardo A. Malheiros. O Tempo, 22 nov. 2005)[1]

Leitura 3:
A DECISÃO PLEBISCITÁRIA DA GRÃ-BRETANHA

Vamos acertar tecnicamente os pontos. Em primeiro lugar, o que se realizou dia 23 no Reino Unido não foi uma decisão somente do povo inglês e, sim, do povo britânico. Da Grã-Bretanha, que é uma *União Política Incorporada*, na denominação da Teoria

---

[1] Nota do autor: O recente ato terrorista ocorrido em Nice (14/7/2016) é um retrato trágico desse problema na França.

do Estado, fazem parte a Inglaterra, a Escócia, o País de Gales e a Irlanda do Norte.

Em segundo lugar, não houve ali um referendo e, sim, um *plebiscito*. O povo britânico, dentro de sua monarquia parlamentar, onde a democracia é maior que em muitas repúblicas, respondeu a uma consulta *prévia*. *IN* ou *OUT* foi a consulta feita: sim ou não, à permanência na União Europeia.

Em terceiro lugar, naquelas heroicas ilhas, não houve um rompimento revolucionário, não houve uma secessão belicosa. A secessão violenta teria ocorrido, causando uma possível guerra civil, se a União Europeia fosse uma federação (como o Brasil) e não uma confederação, como é. Esta é uma união de Estados soberanos, podendo, cada um deles, se separar pacificamente da união, segundo um tratado (e não uma única constituição) que os une.

O Tratado de Lisboa, assinado em 2007, estruturando mais uma vez a UE, garante o *direito* à secessão às unidades que compõem essa especial confederação, cujas diferentes Formas de Estado são mantidas soberanamente. Exemplificando: a França e Portugal são estados unitários; a Alemanha é um estado federal; a Espanha é um estado regionalizado; a Grã-Bretanha, como já dito, é uma sui generis união política incorporada. Isso é: os antigos reinos que compõem aquele Estado monárquico mantêm uma autonomia política, que se vê claramente no Parlamento Britânico.

Agora, depois dessa importante *decisão* tomada pelo povo no plebiscito, a Câmara dos Comuns, que é republicanamente eleita, escolherá novo Gabinete de Governo, eis que o atual Primeiro-Ministro, defensor da permanência, anunciou sua renúncia. A Grã-Bretanha continuará, evidentemente a sua vida, geograficamente ao lado da Europa Continental, sob a chefia de Estado da Rainha Elizabeth II, porém não mais integrando aquela grande União. É um importante e não unânime passo, que trará grandes mudanças internacionais e mesmo internas. Os observadores políticos registram que, entre outras consequências, a Escócia, dispondo já de bastante autonomia política, pode pleitear sua independência, sonho que paira sobre aqueles bravos *highlanders*. Outra consulta, também plebiscito, sobre a separação, já está sendo articulada pelo povo britânico.

(FIUZA, Ricardo A. Malheiros. *Estado de Minas*, 5 jul. 2016)

3º Capítulo

ORIGENS DO ESTADO

1. INTRODUÇÃO

O homem é um animal social e por isso vive e desenvolve-se junto de seus semelhantes. Por não ser autossuficiente, o homem possui a permanente necessidade de relacionar-se com o outro, surgindo a sociedade.

O conceito de sociedade não é unânime. Em sentido genérico, do ponto de vista sociológico, ela expressa todas as relações sociais entre os homens.

Segundo Paulo Bonavides, a teoria mecânica e a teoria orgânica são as teorias históricas mais significativas que buscam interpretar os fundamentos da sociedade. Os mecanicistas se fundamentam na razão como diretriz da convivência humana, dizem que a base da sociedade é o consenso, o acordo de vontades, com apoio na vontade livre e criadora dos indivíduos. Os organicistas entendem que o homem jamais nasceu livre, defendem o princípio da autoridade que envolve o indivíduo desde o seu nascimento, amparando-o, governando-o, e do qual jamais conseguirá se desligar inteiramente.

Muitas são as formas de relações sociais travadas pelo homem. O alemão Ferdinand Tönnies, em seu livro *Gesellschaft und Gemeinschaft* (1887), distinguiu a comunidade e a sociedade, tendo por base a oposição de dois tipos de vontade: natural e reflexiva. A comunidade é fortalecida por vínculos psíquicos (afetos, simpatias, emoções), traduz a existência de uma convivência humana em que impera a solidariedade pelo mútuo auxílio de vontades entre os componentes do grupo (a família, por exemplo). A sociedade se governa pela razão, por natureza é artificial, tem por base quase sempre um contrato (uma sociedade mercantil, por exemplo).

Das várias formas de sociedade, a sociedade política destaca-se porque objetiva integrar todas as atividades sociais que ocorrem em seu âmbito, coordenando-as em função de um fim comum. Nessa ordem de ideias o Estado, como vimos no segundo capítulo, pela definição de Ranelletti, aparece como sociedade política.

Neste capítulo, sem pretender esgotar o tema, baseados em um e outro autor, delineamos as correntes doutrinárias e filosóficas que procuram explicar o surgimento do Estado, como fenômeno necessário para a convivência humana.

A denominação "Origens do Estado", no plural, é proposital, pois não há uma única teoria sobre a origem do Estado: há muitas e muitas explicações.

Não se deve dizer que a origem do Estado é esta e ponto final. Pode-se até concluir, ao fim da exposição, que todas as teorias são válidas e que, na verdade, o Estado nasceu da mesclagem de todas essas teorias e de todas essas origens.

2. A DENOMINAÇÃO ESTADO

A palavra Estado, no sentido em que hoje a empregamos, é relativamente nova.

Os gregos, cujos Estados não ultrapassavam os limites da cidade, usavam o termo *polis*, cidade, daí política – a arte de governar cidades.

Os romanos empregavam a expressão *status reipublicae*, para designar a situação, a ordem permanente da coisa pública – *status* – situação.

Na Idade Média, o termo *status* ganhou a significação moderna.

A denominação Estado, significando situação permanente de convivência e ligada à sociedade política, foi usada pela primeira vez por Maquiavel, em "*O Príncipe*", publicado em 1513. Mas o Estado é muito mais antigo que Maquiavel. Deve-se evitar o erro de dizer que Maquiavel foi o fundador do primeiro Estado ou que o Estado teria surgido na época de Maquiavel, uma vez que, quando o florentino viveu, o Estado já existia há milênios. O que não existia na época era um nome próprio para essa entidade dentro da qual nascemos, vivemos e morremos.

O mundo, hoje, está todo dividido em Estados. Já vimos que um dos elementos constitutivos do Estado é o território. Não fugimos desta realidade, que às vezes parece opressora, mas que na verdade foi criada para tornar possível a vida em comum. Não pode haver vida em comum sem a organização jurídica e política chamada Estado.

Portanto, quem batizou essa organização, que existe há milênios, foi Maquiavel. Quando ele se referiu à sua cidade, que era Florença, hoje uma cidade do Estado Itália, entendeu que ela tinha adquirido uma situação completa de organização. Então, ele se referiu a sua cidade como o Estado de Florença (Firenze). Foi a primeira vez que surgiu essa denominação.

Estado quer dizer situação, vem do latim *status*. A mesma palavra que está no latim como *status*, é usada hoje como: Fulano de Tal quer adquirir status. Está muito preocupado com seu *status*. O que quer dizer isso? Com sua condição, com sua situação de realização. Maquiavel entendeu que sua cidade, naquele tempo independente, tinha adquirido a condição, uma situação, o *status* de realização jurídica e política. Então, chamou a sua cidade de Estado de Florença.

E a palavra permaneceu em vários idiomas: *status* – latim, *état* – francês, *stato* – italiano, *staat* – alemão, *state* – inglês.

3. FORMAÇÕES DO ESTADO

Como surgiu o Estado? As origens do Estado dariam para um livro exclusivo sobre o assunto. Todavia, iremos sintetizar as principais teorias acompanhando a maneira didática exposta pelo saudoso mestre Orlando Magalhães Carvalho, em seu *Resumos de teoria geral do Estado* (1942).

Para melhor compreensão, as teorias estão divididas em dois grupos de formações: originária e derivada.

O processo de formação originária abrange as teorias que se baseiam no agregado familiar e as teorias que se baseiam na reunião de indivíduos não "necessariamente" parentes, embora possam sê-lo.

A formação derivada, sobre o que falaremos rapidamente, está subdividida em: separação de Estados preexistentes e união de Estados preexistentes.

3.1 Formação Originária

Originária, é a própria criação. Derivada, é a conseqüência de uma criação anterior. Nossa preocupação primeira é "como e por quê" teria surgido o Estado, sem nos preocuparmos com as razões históricas e geográficas muito presentes nos dias de hoje.

3.1.1 Teorias que se baseiam no agregado familiar

No primeiro grupo, teorias que se baseiam no agregado familiar, temos que agregado, no sentido familiar, é um ajuntamento de pessoas que tem por base o parentesco. Há autores que simplesmente dizem: o Estado nasceu da família. Alguns chegam a dizer que Adão e Eva fundaram o primeiro Estado! Isto é ser simplista demais. Não vamos negar a existência da família como célula que deu origem a grupos sociais. Mas o Estado, que tem conotação jurídica e política, não pode ter nascido simplesmente da aproximação da vida, da aproximação de parentes. É preciso uma força maior.

Nesse primeiro grande grupo estão centenas de autores mais antigos e podemos subdividi-lo em dois subgrupos: origem familiar e tradição de um legislador primitivo.

Subgrupo A – Origem familiar

Aqui se diz, sem rodeios, que o Estado nasceu da família. Mas há subteorias diferentes: a do matriarcado e a do patriarcado. Essas duas subteorias são muito interessantes e merecem estudo mais profundo, talvez em outra ciência, como na Sociologia, por exemplo, ou até na Genética Humana.

Por que esta distinção entre matriarcado e patriarcado? E por que matriarcado primeiro que patriarcado? É porque, segundo os autores que defendem a origem familiar do Estado, o matriarcado surgiu antes do patriarcado. Os indivíduos, por uma aproximação natural, viviam não em grupos, porque grupo pressupõe algo organizado, mas em hordas, em bandos. Isso há milênios.

E por que, repetimos, o matriarcado teria surgido em primeiro lugar? Naquela época viviam homens e mulheres em vida promíscua. Não se conhecia o casamento, nem ao menos o casamento poligâmico. Os acasalamentos eram naturais, promíscuos, sem nenhuma exclusividade, de tal maneira que, quando nascia uma criança, sabia-se certamente quem era sua mãe, mas não quem era o pai. Como a mulher gerava muitos filhos, era natural que esses filhos se agrupassem em torno dela, por vários motivos.

Depois nasceu o patriarcado. Com as lutas entre as hordas, o guerreiro mais valente, mais forte, trazia como presas de guerra mulheres aprisionadas que passavam a viver em sua volta. Já então cada criança que nascia sabia quem era sua mãe e também seu pai. E surgiram as grandes figuras de patriarcas que a história registrou. Surgia, assim, o Estado com a vida mais ou menos organizada, em torno de uma líder ou um líder.

Orlando Carvalho comenta:

> É pouco provável que o Estado tenha sido o desenvolvimento de uma família patriarcal diretamente. A família era mais unidade social do que política e os seus membros eram mais propriamente bens do chefe do que cidadãos e os interesses da família são sobretudo privados. O Estado se desenvolveu mais diretamente da tribo, unidade mais larga, composta de várias famílias, governada de modo diverso. (CARVALHO, Orlando M. *Resumos de teoria geral do Estado*, p. 65)

Subgrupo B – Tradição de um legislador primitivo

Um passo importante à frente foi o aparecimento dos grandes legisladores, como Licurgo, Solon, Moysés, Hamurabi etc, que além de reunirem em torno de si um grande grupo, deixaram a legislação estabelecida. Quando morriam, o grupo estava organizado, não mais pela presença física do líder, do patriarca, mas pela legislação. Esses homens deixaram grupos que mais tarde vieram a se tornar Estados, como hoje os concebemos.

[*Licurgo: 396 a 323 a.C.* – legislador mítico (mito – heroico, legendário) de Esparta, do qual se dizia ter vivido em época distante e a quem se atribuíam as instituições políticas e militares da cidade.
Hamurabi: 1730-1685 a.C – 6º Rei da Babilônia. Fundou vasto império, tanto pela diplomacia quanto pela conquista militar. Criou

uma administração centralizada eficaz. Codificou a jurisprudência da época, influiu na legislação mosaica e na de outros povos. *Moysés: 1250 a.C* – Libertador e legislador de Israel. No deserto do Sinai teve a revelação de sua missão. Deu aos hebreus a lei divina. *Sólon: 640 – 558 a.C* – Político ateniense. Estimulou o desenvolvimento econômico por meio de uma legislação favorável (lei sobre a plantação e a construção, reforma dos pesos e medidas). Favoreceu a democracia, criou o Senado e o Tribunal popular. Realizou reformas em benefício do povo.]

O leitor já pode estar pensando: então esta seria a melhor teoria? Não é a melhor, mas não é desprezível.

Mesmo partindo do agregado familiar com a tradição que o legislador reuniu, é preciso algo para que realmente apareça o que nós chamamos hoje Estado.

3.1.2 Teorias baseadas na reunião de indivíduos não (necessariamente) parentes

Vamos deixar bem claro que os indivíduos, que se unem no grupo seguinte, podem ser parentes ou não. Não importa que sejam parentes, mas também não importa que não o sejam. São indivíduos que se unem por outro motivo, não necessariamente, o parentesco, embora possa haver parentesco. Para se formar o que se chama hoje Estado, foi preciso uma força maior do que o parentesco. O que poderia ter sido? São dois subgrupos que explicam: o primeiro é o que defende o pacto social e, o segundo, o da origem violenta.

Subgrupo A – Pacto Social

As teorias que explicam a origem convencional do Estado têm como base o entendimento de que a sociedade civil, o Estado e o governo nasceram de um acordo consciente realizado pelos indivíduos, em determinado momento lógico. *Essas teorias partem das comunidades primitivas vivendo em "estado de natureza" até surgir o Estado organizado por meio de um acordo racional.* Várias versões são apresentadas sobre o modo de realização desse pacto inicial, definindo-se em função dos dados sociológicos da época da formulação e da experiência social de seu autor.

"Pacto Social" é expressão criada por Grócio (Hugo Van Groot, 1583-1645, holandês que escreveu *Do direito de guerra e paz*). Dizia ele que, para ser possível a vida em sociedade, só havia um caminho: um pacto, um pacto social, significando uma combinação, um acordo para viver em sociedade. A sociedade considerada como uma consequência da natureza do homem. Como o indivíduo não consegue viver sozinho, a vida em grupo exige um acordo, em que cada um cede um pouco de sua liberdade, de sua vontade própria, em troca de conforto, paz e segurança.

Depois de Grócio, outros pensadores políticos interpretaram e desenvolveram sua teoria trabalhando no pensamento do *"pacto social"*, não mais para explicar a origem da sociedade, mas a origem do próprio Estado.

Hobbes

O primeiro deles é Thomas Hobbes, inglês que viveu de 5.4.1588 a 4.12.1679, contemporâneo, pois, de Grócio. Também para ele era preciso que a sociedade partisse de um pacto. Hobbes era preceptor (espécie de professor particular, de dentro da casa), como se usava muito no passado, mesmo aqui no Brasil. Os reais e os nobres tinham preceptores em seus castelos e palácios. Hobbes era preceptor da família real inglesa (do filho de Lord Cavendish) e isso é importante saber.

Em 1651, saiu a sua principal obra – *Leviathan*. Segundo o filósofo, "em estado de natureza", cada homem procura satisfazer suas aspirações, *tem uma liberdade ilimitada*, busca a *autopreservação*, que o leva a impor-se sobre os demais, pela desconfiança de uns em relação aos outros; por isso, a vida seria uma "guerra de todos os homens contra todos os homens", na qual o "homem é o lobo do homem". Para construir uma sociedade, o homem tem de renunciar a seus direitos e estabelecer um "contrato social", *"um pacto mútuo entre os homens"*, garantido pelo poder soberano. Este, para ser efetivo, tem que recair sobre uma só autoridade, donde a conveniência da monarquia absoluta. A fonte do poder monárquico não residia no direito divino, mas na manutenção do contrato social, segundo Hobbes.

Como Hobbes explicava a origem do Estado?

Dizia ele que os indivíduos, numa época qualquer, viviam isoladamente, muito preocupados na busca do que era útil e indispensável para cada um deles. Vivendo isolado, acontecia o choque com outro indivíduo isolado, que também vivia preocupado exclusivamente com a busca daquilo que era útil e necessário para si próprio. Como não havia espírito de união, ocorriam lutas. Era um "devorando" o outro, no sentido de tomar para si o que pertencia ao outro, em constante discórdia pelo "lucro, segurança e reputação". "O homem é o lobo do homem", na sempre citada pregação desse pensador. Era o permanente estado ou ambiente de guerra. Tal expressão não quer dizer um grupo lutando contra o outro, e sim um indivíduo preocupado com o outro, com medo de viver, porque o outro queria tirar dele tudo de que necessitava, *pelo desejo de poder incessante*. Viviam em estado de aflição. Eram indivíduos dotados de razão, pensamento, inteligência, mas viviam em estado de aflição.

De acordo com Hobbes, um dia, que ele não precisa onde nem quando, houve um "momento lógico" (não histórico), em que esses indivíduos, em vez de usarem a violência, usaram a inteligência, reuniram-se e tentaram viver em conjunto. E perceberam que para viver em conjunto, tinham que fazer um pacto.

Desvencilhando-se da concepção segundo a qual o poder do monarca advém de Deus, Hobbes, em seu livro *Leviathan* (o Deus mortal), ensina que os indivíduos, reunidos, tomaram a si a tarefa de constituir o Estado. Reconhecendo poder a cada indivíduo enquanto tal, Hobbes diz que cada um cedia seu próprio poder em troca da cessão dos poderes de outrem. As soberanias individuais, causadoras dos conflitos até então verificados, são abdicadas em favor de alguém, mais capaz, que se torna, então, o soberano. Só esse indivíduo passa a ser soberano e todos os demais, súditos.

Nota-se daí o germe de todo Estado totalitário: Napoleão, Hitler, Mussolini etc. Incapazes de viver sozinhos, os indivíduos escolhem alguém, com mais capacidade, que os governe de cima para baixo.

Nossa discordância da teoria de Hobbes explica-se pelo fato de que ele defende um pacto, mas por meio do qual os indivíduos, que eram soberanos, alienam tudo, para ficarem tranquilamente sob a proteção do governo. Institui-se a submissão absoluta. O homem não foi criado para isso. Os homens vivem em conjunto e têm que ser indivíduos mesmo em conjunto. Não podem ceder essa individualidade e a sua soberania própria simplesmente para viver em paz, ou por aflição.

Locke

Depois de Hobbes vem John Locke, outro filósofo inglês, que viveu de 29.8.1632 a 28.10.1704 e escreveu *Ensaio sobre o entendimento humano e Dois tratados sobre o governo*.

A liberdade era, no pensamento de Locke, "a essência da soberania política, delegada por todos os cidadãos ao Parlamento."

Seu pensamento era o seguinte:

Em vez do "estado de guerra", os indivíduos viviam em estado de natureza, ainda isoladamente na terra, cada um tentando tirar dela a própria subsistência. *"Em estado de natureza, os indivíduos vivem livres e iguais"*, e, ao invés de chegarem ao estado de devorar o outro, seria melhor estabelecer entre eles ampla cooperação, de modo que cada um pudesse exercer seu papel ou função: um lavrando a terra, outro produzindo armas, outro trabalhando metais, etc. Como fazemos hoje: posso ser médico, advogado, engenheiro, arquiteto, engenheiro eletricista, pedreiro, ao mesmo tempo? Não. Valho-me de outros indivíduos, cada um na sua especialidade.

Para Locke, aspecto característico do estado de natureza é que a execução da lei de natureza, *"que quer a paz e a conservação de toda a humanidade"*, estava confiada a um poder executivo difundido no próprio grupo social, *os homens seriam seus próprios juízes*.

Mas, admite o Autor que o governo civil seria a solução para os inconvenientes causados pelo estado de natureza, "quando aos homens é facultado serem juízes em suas próprias causas, pois é fácil imaginar que aquele que foi injusto a ponto de causar injúria a um irmão dificilmente será justo o bastante para condenar a si mesmo por tal." (Locke, John. Dois tratados sobre o governo, São Paulo: Martins Fontes, 2001, p.391/392).

Segundo ele, os indivíduos perceberam que, se se juntassem *e unissem*, viveriam muito mais felizes, *seguros* e completos, porque um se valeria da capacidade maior do outro e vice-versa. Assim, começou o pacto da vida em comum, destinado a evitar conflitos em seu relacionamento próximo. Mas, nesse pacto não era preciso que cada indivíduo cedesse todo o seu poder a alguém que nada prometeu, e, portanto, dali para frente, faria "por obra e graça de sua majestade" tudo de que o grupo precisava. Não. A finalidade do pacto seria instituir no próprio grupo um juiz na terra. Esse juiz deveria solucionar os conflitos e tornar possível a vida em comum. A instituição desse juiz na terra é a criação do Estado. O Estado assim surgiu para tornar possível a vida em comum.

Conforme Locke, "aqueles que estão unidos em um grupo único e têm uma lei estabelecida comum e uma judicatura à qual apelar, com autoridade para decidir sobre as controvérsias entre eles e punir os infratores, estão em sociedade civil uns com os outros." (Locke, John. Dois tratados sobre o governo, São Paulo: Martins Fontes, 2001, p. 458).

O juiz, *imparcial e probo*, escolhido pelo grupo, baseado nas normas desse mesmo grupo, solucionaria os conflitos que porventura aparecessem.

O consentimento de homens livres de se unirem e incorporarem constitui uma sociedade política que passa a ter o poder de elaborar as leis segundo o bem público e aplicá-las, resolvendo as controvérsias e reparando os danos que possam advir a qualquer membro dessa sociedade.

Nota-se aí o embrião de dois "Poderes": *o Legislativo e o Executivo. O Legislativo que elabora as leis e o Executivo que aplica as leis. Na teoria lockeana, a importante função do Poder Judiciário, de solucionar as controvérsias, parece estar compreendida, tanto no âmbito do Poder Executivo quanto no Poder Legislativo.*

Expõe o Autor: *"Temos aqui a origem dos poderes legislativo e executivo da sociedade civil, que julgam, segundo as leis vigentes, em que medida devem ser punidos os delitos cometidos no seio do corpo político e também determinam, mediante julgamentos ocasionais baseados nas atuais circunstâncias presentes no fato, em que medida as injúrias externas deverão ser vingadas; e em ambos os casos empregam a força integral de todos os homens quando houver necessidade." (Locke, John. Dois tratados sobre o governo, São Paulo: Martins Fontes, 2001, p. 459/460).*

De sorte que, conclui Locke, "todas as sociedades políticas tiveram início a partir de uma união voluntária e no mútuo acordo de homens que agiam livremente na escolha de seus governantes e formas de governo". (Locke, John. *Dois tratados sobre o governo*, São Paulo: Martins Fontes, 2001, p. 474)

Rousseau

Depois de Hobbes e Locke, aparece Jean-Jacques Rousseau (1712-1778), nascido em Genebra, Suíça, e residente na França, tendo exercido grande influência nos espíritos do seu tempo, inclusive na Revolução Francesa de 1789 e no momento de independência das treze colônias britânicas na América do Norte, que eclodiu em 4 de julho de 1776.

Rousseau era suíço e nunca deixou a sua condição de suíço, embora tenha trabalhado e vivido principalmente na França. Foi considerado herói francês e sepultado no Panteón, onde estão todos os heróis franceses. Assinava-se sempre assim: Jean- Jacques Rousseau, "Citoyén de Génève".

A contestação da sociedade tal como estava organizada foi tema – 1755 – de seu *Discurso sobre a origem e os fundamentos da desigualdade entre os homens* – em que vê a desigualdade e a injustiça como frutos da competição e da *opressão entre os homens*. No ensaio, o autor afirma que a organização social corrompe a natureza humana e lhe sufoca o potencial.

Rousseau escreveu teatro, poesia, literatura, direito e política. Discordando veementemente da monarquia absoluta reinante, sobretudo na França, Rousseau tinha como grito de guerra a sua célebre frase: "o homem nasceu livre e por toda parte está em correntes" (*L'homme est né libre et partout il est dans les fers*). Não que ele concordasse com isso: um homem que nasceu dotado de razão, um indivíduo cheio de soberania, não poderia viver acorrentado, como acontecia em seu tempo. Não concordando com isso, passou a escrever o seu famoso livro: *O contrato social* (1762), em que propõe um Estado ideal, resultante do consenso e que garanta os direitos de todos os cidadãos.

Rousseau entendia o homem como dotado de soberania, soberania individual, inalienável. Mesmo acorrentado, amordaçado, sob pressões e torturas, o homem é livre e soberano. Mas, como viver em conjunto, com tanta soberania individual? Haveria inevitavelmente um choque. A solução não era ceder a soberania, como queria Hobbes, mas somando-se cada soberania individual às outras, provenientes dos vários indivíduos, de tal maneira que o grupo passa a ter soberania coletiva, ou como hoje se diz, soberania nacional, isto é, a soma da soberania de indivíduos que pensam de maneira uníssona, como uma nação. É a passagem do Eu individual para o Eu comum. Surge a nação, uma nova personalidade que é formada pela soma de vários Eus. Para que isso se mantenha, explica Rousseau, basta um pacto social. Mais que um pacto, é preciso um contrato social, um ato de associação firmado por uma, duas, ou mais pessoas que gera obrigação e direito para as partes.

Escreve Rousseau:

> Suponho os homens terem chegado a um ponto em que os obstáculos que atentam a sua conservação no estado natural excedem, pela sua resistência, as forças que cada indivíduo pode empregar para manter-se nesse estado. Então este estado primitivo não pode subsistir, e o gênero humano pereceria se não mudasse de modo de ser.

Na impossibilidade de engendrar novas forças, resta aos homens unir e dirigir as existentes:

> Esta soma de forças não pode nascer senão do concurso de muitas; porém, sendo a força e a liberdade de cada homem os primeiros instrumentos de sua conservação, como poderá combiná-las sem destruí-las e sem esquecer os seus cuidados? Essa dificuldade pode enunciar-se nestes termos: 'Encontrar uma forma de associação que defenda e proteja a pessoa e os bens de cada associação de qualquer força comum, e pela qual, cada um, unindo-se a todos, não obedeça, portanto, senão a si mesmo, ficando assim tão livre como dantes'. Tal é o problema fundamental que o Contrato Social soluciona. (ROUSSEAU, Jean-Jacques. *O contrato social*, p. 35)

Afonso Bertagnoli comenta:

> Em sentido mais filosófico, o contrato aparece como forma bilateral ou multilateral, incluindo compromis-

sos recíprocos. O contrato social de Rousseau – também designado como pacto social – é o conjunto de convenções fundamentais que, ainda que nunca hajam sido formalmente enunciadas, resultam implícitas na vida em sociedade, sendo a sua fórmula a designação de que cada um de nós coloca em comum a pessoa em seu total poderio, sob a suprema direção da vontade geral; em consequência, recebemos, cada um, uma parte indivisível do todo comum. (*Op. cit.*, nota introdutória)

Para manter a vida do Eu comum (soberania coletiva) é preciso um contrato social, que obrigue todas as partes envolvidas. Ainda que não proposto pelo genebrino, surge a primeira ideia de uma constituição escrita, baseada num contrato social, o que viria a ser defendido pelos *founding fathers* dos Estados Unidos da América do Norte.

A teoria de Rousseau difere da teoria de Hobbes, em que de um lado está o soberano que só tem direitos, e de outro lado estão os súditos, que só têm deveres e obrigações. Tanto para Roussseau, como para Locke, era preciso um Estado para solucionar os conflitos, promovendo justiça.

Apesar das muitas críticas formuladas pelos pensadores modernos, a influência da doutrina política de Rousseau foi muito grande, tendo consagrado o povo como fonte de toda autoridade política, o bem comum como justo fim do governo e o Estado como depositário da vontade geral.

Subgrupo B – Origem violenta

O segundo subgrupo fala da origem violenta do Estado, defendida por dois autores alemães – Ludwig Gumplowicz (1838 a 1909) e Franz Oppenheimer (1864 a 1943). A escola sociológica alemã, orientada pelos princípios da força e do interesse patrimonial, formulou uma teoria baseada na supremacia de classes.

Eles diziam que os indivíduos, nos primórdios (não importa quando ou onde), viviam em hordas, que se chocavam com outras, em estado de guerra. Não no sentido de aflição, mas de guerra mesmo, de combate, fazendo raptos e pilhagem. A horda vencedora trazia consigo pessoas aprisionadas (raptos) e bens pilhados (furtados, saqueados). Surge daí a ideia de propriedade, uma vez que, uma horda vivendo isoladamente nunca se preocupou em ter bens seus, mas no momento em que, com o sacrifício de vidas derrotava outras, e trazia pessoas aprisionadas e bens, passa a existir a preocupação de manter aquilo que foi obtido à custa de sangue, para tanto fixando, fechando, cercando um espaço. Daí, também, o surgimento de cidades construídas em locais de difícil acesso e cercadas de muros e fossos. Dentro desse espaço, a vida em comum era obrigatória, entre vencidos e vencedores. Surge o domínio da classe vencedora sobre a classe vencida. A classe vencedora é a classe dirigente e a classe vencida é a classe dirigida. A classe vencedora é a classe política e a classe vencida é a classe trabalhadora, como, em certos aspectos, acontece ainda hoje.

O Estado é, pois, nessa teoria, uma organização de supremacia da minoria sobre a maioria.

Em sua interpretação, Oppenheimer deu a esta teoria um sentido diretamente marxista: "todo Estado é uma organização de classe; toda teoria política é uma teoria de classe". (MALUF, Sahid. *Teoria geral do estado*, p. 84)

Em conclusão, Oppenheimer acentua

> que o caráter de domínio de uma classe sobre outra condena a existência do Estado e impõe a substituição dele por outra espécie de organização social, que denomina 'Federação livre'. (CARVALHO, Orlando M., *Resumos de teoria geral do Estado*, p. 116)

Entretanto, o Estado ainda está em formação, uma vez que a fase de violência e opressão não é o estágio final do Estado. O verdadeiro Estado só vai surgir, de acordo com os defensores do pacto, quando, num contrato, as soberanias individuais se somarem em soberania coletiva, e cada indivíduo continuar a ser pessoa e a ter a sua voz ativa. E é por isso que os textos das constituições modernas não começam com as estruturas do Estado, e, sim, com os direitos dos indivíduos dentro do Estado.

3.2 Formação Derivada

A formação derivada é fácil de se detectar. Pela palavra, ninguém questiona como nem porque: o que se estuda é onde e quando. Como pode acontecer a formação derivada do Estado? De duas maneiras: a separação de Estados preexistentes e a união de Estados preexistentes.

3.2.1 Separação de Estados preexistentes

O Brasil é um Estado. Como surgiu o Brasil? Da separação de Estados preexistentes. O que havia antes do Brasil? Um Estado chamado Reino Unido de Portugal, Brasil e Algarves. Este era o Estado preexistente. O Brasil desligou-se desse Reino Unido, tornando-se Estado em 1822.

Alemanha Ocidental, exemplo de separação de Estados preexistentes. Antes da Segunda Guerra Mundial, a Alemanha, que teve sua origem na união de vários Estados antigos, formava um só Estado. Ao ser derrotada na guerra que ela própria iniciou, a Alemanha se viu invadida e conquistada por quatro outros Estados: Estados Unidos, França, União Soviética e Grã-Bretanha. A Alemanha perdeu a sua própria soberania e, ao renascer dessa derrota, nasceu dividida em dois Estados: Alemanha Ocidental e Alemanha Oriental.

O Reino da Grã-Bretanha, formado pela Inglaterra, Escócia, País de Gales e Irlanda, sofreu, em 1920, a separação de uma parte da Irlanda (Sul), que se tornou Estado independente. Esta é a República da Irlanda, que não integra sequer a Comunidade Britânica de Nações. Continua existindo a Irlanda do Norte, na mesma ilha, ainda integrada no Reino Unido da Grã-Bretanha.

3.2.2 União de Estados preexistentes

Portugal é exemplo de união de Estados preexistentes. Tendo o Brasil se separado do Reino Unido, Portugal e Algarves continuaram existindo unidos e foram dar origem a um outro Estado chamado Portugal, que é a união do antigo Estado de Portugal com o Reino dos Algarves.

A atual Alemanha que se reunificou em 1990, a partir de dois Estados, Alemanha Ocidental e Alemanha Oriental.

Em 4 de julho de 1776 houve a independência das treze colônias inglesas, situadas na América do Norte, que se tornaram Estados independentes e soberanos e resolveram viver em confederação. Depois, resolveram confirmar esta união numa federação criada por eles próprios. Então, os Estados Unidos, cujo nome já é uma própria união, veio da união de Estados preexistentes.

O Reino da Escócia, o Reino da Inglaterra, o Principado de Gales e o Reino da Irlanda (Norte), através de oitocentos anos, acabaram se transformando no Reino Unido da Grã-Bretanha, que é o Estado composto até hoje da união de Estados preexistentes.

A Espanha, hoje Estado regionalizado, tem a sua origem no casamento do Rei Fernando de Aragão com a Rainha Isabel de Castela: dois Estados, dois Reinos, que se uniram por meio de um casamento propositadamente feito para isso, dando origem a um Reino, que depois agregou em torno de si outros Reinos, dando origem à Espanha de hoje, que é um Estado regionalizado, mas nascido da união de Estados preexistentes. "Una nación de naciones", como declara a Constituição espanhola atual.

4. CONCLUSÃO

O verdadeiro fundamento do Estado, como toda sociedade humana, não se encontra unicamente na força, ou na convenção, ou na teoria filosófica. O vínculo social não é fácil de ser estabelecido entre seres humanos tão livres, tão diferentes e tão inconstantes. Parece indispensável existir algo mais forte para instituir o comando e fazer-se acatar pela obediência, para obrigar a paixão ceder à razão, e a razão particular à razão pública.

Fustel de Coulanges, em suas reflexões afirma:

> 'As gerações modernas têm no espírito duas ideias preconcebidas sobre a maneira pela qual se formam os governos. São levadas a crer ora que eles são a obra unicamente da força e da violência, ora que são uma criação da razão. É um duplo erro: a origem das instituições sociais não deve ser procurada tão alto, nem tão bai-

xo. A violência não poderia estabelecê-las; as regras da razão são impotentes para criá-las. Entre a força bruta e as vãs utopias, na região média em que o homem se move e vive, encontram-se os interesses. São eles que fazem as instituições e que decidem sobre a maneira pela qual um povo é governado.' (COULANGES, Fustel *apud* CARVALHO, Orlando M. *Resumos da teoria geral do Estado*, p.119)

Com a frase "Só há constituição definitiva da sociedade quando o interesse, a necessidade e a violência são depurados e regularizados pelo Direito", La Bigne de Villeneuve diz que o Estado só aparece com a mescla de várias razões: interesse, necessidade e violência.

Razão assiste, mais uma vez, ao genial Rousseau, que ensina que tudo isso só se transforma em Estado quando todos esses fatores forem depurados e regularizados pelo Direito, ciência que vai tornar possível essa vida em comum.

LEITURA COMPLEMENTAR

SOB O SIGNO DA FRATERNIDADE

Há tempos atrás os homens em busca de conter os abusos e desmandos do monarca absoluto e despótico encontraram na liberdade, igualdade e fraternidade símbolos e valores de suas novas conquistas, as luzes que guiariam as suas convivências e interesses.

Num primeiro momento, encantados pelo hino da liberdade, puseram de lado a igualdade e a fraternidade. O exagerado impulso à liberdade trouxe, por consequência, mazelas e distorções no convívio humano. De um lado criaram-se grandes riquezas pessoais e monopólios de vulto, por outro lado foi gerada uma multidão de oprimidos e necessitados de toda sorte.

Não tardou e as guerras mundiais mostraram o lado sombrio do homem. Em momento, agora, marcado pela dor, a igualdade ganha cor e importância. A liberdade encontra limite na igualdade, que pressupõe melhores condições de vida ao ser humano e respeito à sua dignidade.

Entretanto, quando tudo parecia mais bem estabelecido, avultam-se novos interesses e necessidades: é o homem fragmentado sempre inebriado e ávido pelas forças do poder. Novas conquistas e tecnologias exigem novo diálogo, no qual participação e liberdade ganham nova roupagem. O progresso sem fronteiras gera poderosas corporações com novas perspectivas legais, econômicas, industriais e tecnológicas, enquanto exige que o indivíduo se supere a cada dia, reinvente-se. Em folhetim conhecido, apenas remodelado, assiste-se ao homem tornar-se um autômato esquecido de si mesmo, e, assim fatigado da luta frenética, rendido facilmente aos hábitos desgovernados e desejos libertinos.

É o "pêndulo", o vai e vem dos interesses humanos. Mas, afinal, quando haverá o tempo em que se possa viver sob o signo da fraternidade, sinônimo de união solidária entre "irmãos" num entrelace entre a liberdade e a igualdade?

Os Estados denominados democráticos elegem em suas constituições a fraternidade ou solidariedade como valor fundamental a ser defendido e respeitado. Em belos textos traduzem tal princípio:

"Préambule
Le peuple français proclame solennellement son attachement aux Droits de l'homme et aux principes de la souveraineté nationale tels qu'ils ont été définis par la Déclaration de 1789, confirmée et complétée par le préambule de la Constitution de 1946.
En vertu de ces principes et de celui de la libre détermination des peuples, la Republique offre aux territoires d'outre-mer qui manifestent la volonté d'y adhérer des institutions nouvelles fondées sur l'idéal commun de liberte, d'égalité et de fraternité et conçues en vue de leur évolution démocratique." (La Constitution de 1958 – Les Constitutions de la France depuis 1789, Paris: GF Flammarion, 1995, p. 425).

"Principi Fondamentali (...) 2 – La Repubblica riconosce e garantisce i diritti inviolabili dell'uomo, sia come singolo sia nelle formazioni sociali ove si svolge la sua personalità, e richiede l'adempimento dei doveri inderogabili di solidarietà politica, economica e sociale." (Costituzione Della Repubblica Italiana – 1947, Pirola Editore: Milano, 1993, p. 9).

"Preâmbulo (...) A Assembleia Constituinte afirma a decisão do povo português de defender a independência nacional, de garantir os direitos fundamentais dos

cidadãos, de estabelecer os princípios basilares da democracia, de assegurar o primado do Estado de Direito democrático e de abrir caminho para uma sociedade socialista, no respeito da vontade do povo português, tendo em vista a construção de um país mais livre, mais justo e mais fraterno." (Constituição da República Portuguesa – 1976, 1.ed., Texto Editora: Lisboa, 1997, p. 12).
"Preâmbulo
Nós, representantes do povo brasileiro, reunidos em Assembleia Nacional Constituinte para instituir um Estado Democrático, destinado a assegurar o exercício dos direitos sociais e individuais, a liberdade, a segurança, o bem estar, o desenvolvimento, a igualdade e a justiça como valores supremos de uma sociedade fraterna, pluralista e sem preconceitos, fundada na harmonia social e comprometida, na ordem interna e internacional, com a solução pacífica das controvérsias, promulgamos, sob a proteção de Deus, a seguinte Constituição da República Federativa do Brasil."
(Constituição da República Federativa do Brasil – 1988, 29. ed., São Paulo: Atlas, 2008).

Pode-se falar, então, em "Estado fraterno"? Em que consiste a fraternidade?

O Professor Ricardo Fiuza, em suas memoráveis aulas de Teoria Geral do Estado na Faculdade de Direito Milton Campos, das quais participei como sua aluna e hoje tenho a honra em sucedê-lo, ensina que o Estado compreende três elementos indissociáveis: o povo, o território e o poder.

Afirma que "antes de tudo, o Estado é um povo que pensa, que sente e quer realizar as suas metas, de maneira uníssona, não importando as diferenças de raça, língua, religião ou correntes partidárias." (Lições de Direito Constitucional e Teoria Geral do Estado, Belo Horizonte: Editora Lê, 1991, p. 47).

A pessoa humana aparece como a condição primeira para a formação e existência do próprio Estado, o qual, em acepção metajurídica e política, requer pessoas unidas por ideais, interesses e aspirações comuns, com espírito de nação, sinônimo de consciência coletiva, de ânimo para se alcançar o bem comum.

A fraternidade, do latim *fraternitas*, qualidade de irmão, pressupõe essa união entre os indivíduos que "vivem em proximidade e lutam pela mesma causa". A fraternidade traduz o amor e o respeito ao próximo; revela a alteridade e a solidariedade dos indivíduos em suas interações com o meio em que convivem. (Houaiss, Antônio. Villar, Mauro de Salles. Dicionário Houaiss da Língua Portuguesa, 1ed., Rio de Janeiro: Objetiva, 2001, p.1.388).

Sem consistir tão somente em vínculo de natureza moral, a fraternidade, como transcrito, está erigida em leis fundamentais e universalizada na Declaração Universal dos Direitos Humanos (1948), *in verbis*:

"Art. I – Todos os homens nascem livres e iguais em dignidade e direitos. São dotados de razão e consciência e devem agir em relação uns aos outros com espírito de fraternidade." (Lima, Alceu Amoroso. Os Direitos do Homem e o Homem sem Direitos, 2ed., Rio de Janeiro: Editora Vozes, 1999, p. 59).

Alceu Amoroso Lima, conhecido também pelo heterônimo de Tristão de Athayde, explica que essa proposição fundamental do código dos direitos do homem "está perfeitamente em consonância com a filosofia substancialista do ser humano", e cita a exposição de Gredt, por exemplo, nos seguintes termos:

"De três maneiras se pode distinguir a inclinação natural do homem – como substância animal racional. Como substância (isto é, digo eu, naquilo que liga o homem a todos os seres animais, vegetais e minerais), ele é levado à sua própria conservação e por isso é que a lei natural veda o suicídio e obriga à nutrição. Como *animal* (isto é, acrescento eu, como ainda mais intimamente unido à vida irracional, instintiva e passional), inclina-se à conservação da sua espécie e portanto à geração e educação dos filhos, e a essa inclinação natural pertencem todos os preceitos relativos à geração, ao matrimônio e à educação dos filhos (hoje, se diria, tudo o que diz respeito à vida sexual em sentido estrito e lato). Como *racional* (isto é, acrescento, como síntese de todos os seres e planos da vida), inclina-se (o homem) ao conhecimento da verdade e à vida em sociedade, e dessa inclinação deriva o preceito natural de evitar a ignorância e não ofender a ninguém com quem deva conviver (*conversari*) (J. Gredt, O.S.B. – *Ementa Philosophiae Aristotelica Thomisticae*, vol. II, cap. IV, parágrafo 2;2)." (Op.Cit., p. 59 e 60).

Evidenciam-se, aqui, a razão e a consciência dos homens que podem ser sintetizadas na capacidade da pessoa humana de fazer opções, escolhas. O livre-arbítrio é faculdade atribuída ao ser humano que – diferente dos demais animais que se movem em regra pelo instinto – se conduz, também, pela consciência fazendo opções em função de sua vontade.

Aristóteles afirma que a escolha "requer o uso da razão e do pensamento" e "relaciona-se intimamente com a excelência moral". Enfatiza, o filósofo, que "o homem é o originador e o gerador de suas ações". (Aristóteles. Ética a Nicômacos, 3ed., Brasília: Editora UnB, 1992, p. 54 e 57).

Na vida tudo perpassa pelas escolhas; viver é a permanente oportunidade de se fazer opções. O bem e o mal são faces de um só núcleo de ação (ou omissão): fazer o bem ou fazer o mal, a cada opção tem-se a oportunidade de melhor se determinar, agir e se posicionar, bem como de se evitar a ignorância. Tudo passa pela consulta íntima que o ser consciente é capaz de empreender, quanto mais imbuído do propósito de se unir às forças do progresso equilibrado e equânime, bem como mutável e dinâmico, tão mais próximo se estará da união, da cooperação e do ânimo firme pela construção de uma sociedade fraterna.

O despertar fraterno conduz o indivíduo à auto-observação, a cuidar de si, a reconhecer as suas fraquezas envoltas no labirinto do egoísmo, da ira, da crueldade, da mentira, da cobiça, da vaidade, da luxuria, da gula, da avareza. O despertar fraterno convida o indivíduo ao desapego das "formas e categorias fixas criadas pela mente", que tão-somente lhe trazem dor e ansiedade. Chama o indivíduo a transpor as barreiras do ego, em transformação íntima rumo à harmonia e ao equilíbrio, ciente da impermanência e transitoriedade de todas as coisas. (Capra, Fritjof. A Teia da Vida, 5ed., São Paulo: Editora Cultrix, 2001, p. 229).

A convivência fraterna não diminui, nem divide, mas soma e multiplica a ação dos homens de boa vontade, autoconscientes e integrados ao serviço de cooperação em benefício do viver digno entre os seres em suas dimensões mineral, vegetal e animal, com respeito às diferenças existentes em cada quadrante do planeta e interligados com a "teia da vida", sinônimo de um viver sustentável.

Ao balizar as comunidades sustentáveis, Capra, em sua obra "A teia da vida", discute a teoria dos sistemas vivos e fornece conceitos para a ligação entre comunidades ecológicas e comunidades humanas. Nesse trabalho ensina que:

> "Reconectar-se com a teia da vida significa construir, nutrir e educar comunidades sustentáveis, nas quais podemos satisfazer nossas aspirações e nossas necessidades sem diminuir

as chances das gerações futuras. Para realizar essa tarefa, podemos aprender valiosas lições extraídas do estudo de ecossistemas, que são comunidades sustentáveis de plantas, de animais e de microorganismos. Para compreender essas lições, precisamos aprender os princípios básicos da ecologia. Precisamos nos tornar, por assim dizer, ecologicamente alfabetizados." (Capra, Fritjof. *A Teia da Vida*, 5 ed., São Paulo: Editora Cultrix, 2001, p. 231).

Capra ressalta que as comunidades ecológicas e as comunidades humanas são "sistemas vivos que exibem os mesmos princípios básicos de organização". "Trata-se de redes que são organizacionalmente fechadas, mas abertas aos fluxos de energia e de recursos; suas estruturas são determinadas por suas histórias de mudanças estruturais; são inteligentes devido às dimensões cognitivas inerentes ao processo da vida." (*Op. Cit.*, p. 231).

Explica que "naturalmente há muitas diferenças entre ecossistemas e comunidades humanas. Nos ecossistemas não existe autopercepção, nem linguagem, nem consciência e nem cultura; portanto, neles não há justiça nem democracia; mas também não há cobiça nem desonestidade. Não podemos aprender algo sobre valores e fraquezas humanas a partir de ecossistemas. Mas o que podemos aprender, e devemos aprender com eles é como viver de maneira sustentável." (*Op. Cit.*, p. 231).

O viver sustentável pressupõe proximidade e colaboração solidária. Euclides André Mance realça que "colaborar solidariamente é afirmar de maneira prática a proximidade como sentido de consistência. Assim, quando atuamos de maneira solidária em redes de colaboração não apenas estamos fortalecendo a expansão das liberdades públicas e privadas, mas afirmando um novo projeto de sociedade – nas esferas econômicas, políticas e culturais – centradas na promoção do bem-viver de todos, considerando suas felicidades e tristezas, e atuando estrategicamente para que todos possam gozar a vida." (Mance, Euclides André. *Redes de Colaboração Solidária*, Rio de Janeiro: Editora Vozes, 2002, p. 166).

O Estado fraterno transcende os velhos padrões fragmentados, reforça a proximidade como sentido de "consistência humana" em que cada ser reconhece no outro um pouco de si mesmo. O Estado fraterno pressupõe o atuar público e privado segundo os "princípios básicos da ecologia – interdependência, parceria, diversidade, flexibilidade, reciclagem" para a construção de uma comunidade solidária, sustentável.

A fraternidade congrega os ideais de liberdade, como sentido de respeito às potencialidades do indivíduo em si e no todo, e de igualdade, como sentido de geração de direitos para todos, na proporção das necessidades, assegurado o mínimo razoável para o desenvolvimento do potencial humano, bem como consagra a "teia da vida" sustentada no respeito e solidariedade entre os seres humanos, em ações conscientes e consistentes, "eco-alfabetizadas", voltadas para a união e colaboração entre os homens, num viver planetário sustentável.

(ARAGÃO, Mônica. Texto produzido para a obra coletiva *Estudos de Direito Constitucional* – Homenagem ao Professor Ricardo Arnaldo Malheiros Fiuza", Belo Horizonte: Del Rey, 2009).

4º Capítulo
FORMAS DE ESTADO

1. INTRODUÇÃO

À concepção do Estado está ligada à ideia de organização jurídico-política capaz de estabelecer uma ordem jurídica suprema. Assim é que os elementos povo e território são as esferas pessoal e territorial de validade da ordem jurídica: o povo se submete à ordem jurídica imposta pelo Estado no limite certo do território. Por sua vez, o poder do Estado é a validade e eficácia dessa ordem jurídica, os três "poderes" ou funções do Estado são diferentes estágios na criação da ordem jurídica: o Legislativo cria (elabora) a lei, o Executivo sanciona ou veta a lei, administrando o Estado, o Judiciário soluciona os conflitos de acordo com a lei e geralmente faz ou participa do controle de constitucionalidade das leis e dos atos jurídicos em geral.

Diante desse prisma do Estado, é importante anotar a distinção entre soberania e autonomia.

A soberania é uma qualidade do poder do Estado, é aspecto que o caracteriza na esfera internacional. A soberania está ligada à ideia de poder, de autoridade suprema. Ela faz com que, no plano jurídico, não existam distinções entre os Estados, seja pela maior ou menor importância, grandeza ou força. A todos coloca em igualdade.

A autonomia está ligada à visão interna que se tem do Estado. Ela designa o poder de editar as próprias leis e comporta graduação. Se ela admite vários centros capazes de criar comandos normativos sobre matéria de sua competência, tem-se a autonomia política. Se, ao contrário, o novo centro somente pode executar o estabelecido por outro núcleo inicial, tem-se a autonomia administrativa.

Postas estas primeiras noções, temos que autonomia remete à descentralização, nota caracterizadora da estrutura interna dos Estados, da organização territorial.

2. CENTRALIZAÇÃO E DESCENTRALIZAÇÃO

A forma de Estado está intimamente ligada ao modo de distribuição do poder político, centralizado ou descentralizado. A forma de Estado é a estrutura político-jurídica de cada Estado.

Em todo e qualquer Estado, o poder é relativamente centralizado. A centralização e a descentralização podem ser de natureza administrativa ou política.

Na centralização toda a atividade é exercida por um núcleo de decisões. Descentralizar implica retirar competência de um centro e transferi-la para outro, criando-se, por lei, pessoas jurídicas.

Michel Temer, na obra *Elementos de direito constitucional*, ensina que, na centralização administrativa, tem-se um só núcleo titular de prerrogativas, competências e deveres públicos de natureza administrativa. Na descentralização administrativa têm-se vários núcleos detentores de prerrogativas, competências e deveres administrativos.

A propósito da centralização administrativa, em vista da complexidade dos assuntos administrativos, tem-se o fenômeno da desconcentração. Desconcentrar é distribuir competências decisórias dentro de uma estrutura administrativa. Na desconcentração administrativa territorial são criados órgãos territoriais, sem personalidade jurídica própria, portanto, sem autonomia, cujas decisões ficam submetidas ao poder central.

Assim, não há que se confundir a desconcentração com a descentralização. Quando se fala de descentralização administrativa (autonomia administrativa), significa que o Estado cria pessoas jurídicas para cumprir a missão administrativa. Elas têm interesses próprios, competências privativas, mas se submetem ao controle central. Ao passo que na desconcentração administrativa há distribuição de competência decisória para novos órgãos ligados ao poder central.

Na centralização política tem-se único centro com capacidade legislativa. Na descentralização política (autonomia política) verifica-se a existência de várias pessoas jurídicas com competência própria para legislar e administrar. Não só as competências administrativas, mas também políticas, são transferidas a uma pluralidade de pessoas jurídicas de base territorial.

Por fim, é importante destacar que a descentralização fortalece a democracia, por propiciar maior participação popular no processo decisório e possibilitar uma crescente proximidade entre governantes e governados. Assim, ao buscar atender ao interesse comum, o Estado se aperfeiçoa, organiza-se, instrumenta-se, estrutura-se para atingir esse ideal.

3. CLASSIFICAÇÃO DAS FORMAS DE ESTADO

As formas de Estado podem ser classificadas considerando-se a estrutura adotada em função da centralização ou descentralização administrativa e (ou) política. É certo que o modo de classificá-las será variável de acordo com o doutrinador. Nada obstante, independente da divisão formulada, é importante entender a distribuição da autoridade dentro do Estado, para se compreender a formação do processo de cidadania. Aqui, adotamos um critério de divisão clássico, há muito formulado pela doutrina, mas ainda hoje válido, que se dá entre Estados simples ou unitários e Estados compostos ou complexos.

3.1 Estado Unitário

O Estado Unitário, na acepção original, seria aquele em que somente existiria um centro de decisões, um Poder Legislativo, um Poder Executivo e um Poder Judiciário, com sede na Capital, por sobre os municípios. Todavia, diante da complexidade das atividades desempenhadas pelo Estado, a extensão territorial e a numerosa população, seria impossível esta estrutura simples para atender às necessidades do Estado. Assim, ao se estruturarem, os Estados distribuem competências decisórias pelas circunscrições territoriais, de modo a permitir maior participação e conseqüente aproximação dos cidadãos com as atividades do Estado.

Podemos falar, então, seguindo os ensinamentos do Professor José Luiz Quadros de Magalhães, nos seguintes tipos de Estados unitários: o simples puro, o simples desconcentrado e o descentralizado.

a) O Estado Unitário simples puro, ou centralizado, é aquele em que, de modo uniforme, a ação do único centro de decisões de governo (Executivo, Legislativo e Judiciário) se estende por todo o território. Tal estrutura seria encontrada, apenas, em pequenos Estados, com população reduzida.

b) O Estado Unitário simples desconcentrado não possui diferentes níveis de poder: central, regional e local. Nessa estrutura, ocorre apenas a desconcentração administrativa territorial, ou seja, são criados órgãos territoriais despersonalizados, sem autonomia. Em cada divisão territorial haverá um representante do poder central, sem autonomia de decisão. Esse representante deverá apresentar ao poder central as questões de interesse local para a decisão final.

c) O Estado Unitário descentralizado é aquele que está dividido em circunscrições territoriais, com personalidade jurídica própria, que se denominam: Municípios, Comunas, Departamentos, Províncias ou Distritos. Essas circunscrições, verdadeiros entes territoriais descentralizados, por lei nacional, são dotadas de autonomia administrativa, significa dizer que possuem autoridades executivas instituídas que geram os interesses locais da comunidade, organizam os serviços públicos, consoante a norma nacional. Os Estados Unitários desconcentrados aos poucos passaram a adotar essa estrutura descentralizada. Assim, o poder central mantém a estrutura desconcentrada ao lado da estrutura descentralizada. São exemplos: Portugal, Uruguai, Chile, França.

3.2 Estado Regionalizado

O Estado Regionalizado seria um meio-termo entre o Estado Unitário descentralizado e o Estado Federal. Na estrutura do Estado Regionalizado há maior descentralização, as regiões recebem autonomia administrativa e relativa autonomia política e possuem estatutos próprios. Geralmente, esses estatutos orgânicos regionais lhes são outorgados pelo poder central, todavia, há casos em que as regiões participam na elaboração desses estatutos com aprovação pelo poder central. São exemplos: Itália e Espanha (essa também classificada com a designação de Estado Autonômico).

3.3 Estados Compostos

Os Estados Compostos ou Complexos são formados por dois ou mais Estados que se unem pelos mais diversos motivos.

As uniões podem ser transitórias ou permanentes. Para se constituir um Estado Composto ou Complexo é preciso que as regiões (divisões) tenham, no mínimo, autonomia política. Aqui, analisaremos as formas conhecidas de Uniões Políticas, Confederações e Federações.

3.3.1 Uniões políticas

As denominadas Uniões Políticas, próprias das monarquias, podem ser pessoais, reais e incorporadas.

a) União política pessoal

A união pessoal ocorre nas monarquias e não seria exatamente um Estado Composto, mas uma associação de Estados. Ela não corresponde a uma verdadeira união de Estados, porque se baseia exclusivamente na pessoa do monarca. Os Estados têm individualidade própria na vida internacional e a união, normalmente, é fruto de hereditariedade, ou seja, o rei de um Estado recebe como herança outro Estado. Exemplos históricos: Espanha e Portugal com os Filipes (1580 a 1640); Brasil e Portugal com D. Pedro I (1826 a 1831).

b) União política real

A união real é mais íntima que a pessoal, ocorre igualmente entre Estados monárquicos e é regulada por um ato jurídico específico. Ela supõe a união de dois ou mais Estados sob o mesmo monarca, guardando cada Estado sua organização interna, mas aparecendo como um só Estado na vida internacional.

Exemplo histórico: Reino Unido de Portugal, Brasil e Algarves (1815 a 1822).

c) União política incorporada

A união incorporada seria a união real que permaneceu. Ela resulta da fusão de dois ou mais Estados independentes para formar um novo Estado. Os primitivos Estados são absorvidos pela união e, a par de alguma autonomia administrativa ou política, conservam apenas virtualmente a designação de Estados ou reinos. De fato e de direito os Estados assim incorporados desaparecem na constituição da nova entidade.

Exemplo: Reino Unido da Grã-Bretanha e Irlanda do Norte (união formada pela Inglaterra, País de Gales, Escócia e Irlanda do Norte). Em 1998 e 1999, reformas políticas no Reino Unido devolveram poderes (competências) parciais ao parlamento e às assembleias criados na Escócia, Irlanda do Norte e País de Gales. Esses parlamentos podem cuidar dos assuntos regionais, mas estão sujeitos (subordinados) à supremacia do Parlamento Britânico, que pode restringir e até mesmo retirar os poderes delegados.

3.3.2 Confederações

Nas confederações, que não possuem uma constituição única, os antigos Estados unem-se por meio de um pacto de defesa externa, paz interna e ajuda mútua. Do pacto confederativo resulta uma entidade com órgãos próprios, ao menos uma assembleia ou dieta confederal, mas não surge uma autoridade supraestadual com competência genérica. Os Estados Confederados possuem soberania e direito à secessão (separação).

Exemplos históricos: Confederação da Virgínia (atual EUA) e Confederação Helvética (atual Suíça). Exemplo atual: União Europeia (após 1992).

3.3.3 Federações

O Estado Federal, considerado um Estado de Estados, se baseia na descentralização política. Nessa forma de Estado há uma repartição de competências entre o governo federal e os governos estaduais. A União tem supremacia sobre os Estados-Membros, que possuem autonomia e capacidade de auto-organização. Exemplos: Estados Unidos da América, Suíça, Alemanha, Brasil, México, Argentina.

O modelo federativo norte-americano serviu de referência para outros Estados. Com maior ou menor variação de um Estado para outro, as características comuns do federalismo são as seguintes:

a) Existência de uma Constituição da União (Constituição Federal), que é superior às Constituições das unidades federadas (Estados-Membros).

b) Distribuição do poder de governo em dois planos harmônicos: plano federal e plano estadual (ou provincial), por sobre os municípios.

c) A União tem soberania e os estados federados têm autonomia administrativa e política.

d) Composição "bicameral" do Legislativo da União, isto é, o órgão legislativo federal é composto de duas câmaras: a Câmara Baixa, formada pelos representantes do elemento humano do Estado, sendo proporcional; e a Câmara Alta, formada pelos representantes dos Estados-Membros, em número fixo e igualitário.

e) Sistema Judiciarista, isto é, o Judiciário, além da função de solucionar conflitos, faz, através dos tribunais comuns ou de tribunal constitucional, o controle de constitucionalidade das leis e de todos os atos jurídicos.

f) No Estado Federal, não há o direito de secessão.

g) O Estado Federal é considerado um "Estado Simples" no plano internacional, porque só a União tem personalidade jurídica de Direito Internacional Público.

José Alfredo de Oliveira Baracho, no exame da teoria jurídica do Estado Federal, com realce das diferenças concretas existentes nos diversos modelos que surgem, apresenta alguns pontos comuns à estrutura do Estado Federal:

> – princípio federal que consiste no método de dividir poderes, de modo que os governos central e regionais sejam, cada um dentro de sua esfera, coordenados e independentes;
> – interesse pelo equilíbrio da pluralidade com a unidade;
> – manutenção da unidade do Estado, para que a descentralização não leve à dissolução da comunidade jurídica;
> – o ato constituinte do Estado Federal é um ato político que integra uma unidade conjunta com coletividades particulares;

– é um Estado soberano composto de vários Estados;
– não há um tratado nem pacto que dão origem contratual a essa unidade das partes, mas uma Constituição surge como norma principal que tem eficácia e validade para dar suporte, também, aos ordenamentos locais;
– esta preeminência da Constituição Federal não retira a atribuição dos Estados particulares em elaborar a própria organização constitucional;
– a Constituição Federal ordena uma distribuição de competências que determinam as relações entre a Federação e os Estados;
– as relações decorrentes da distribuição de competências podem determinar:

a) participação: consiste no direito que têm os Estados-Membros de colaborar na formação e decisão dos órgãos federais;
b) coordenação. (BARACHO, José Alfredo de Oliveira. *Teoria Geral do Federalismo*, p. 24)

A complexa estrutura do Estado Federal pressupõe em sua origem a existência de uma Constituição Federal. Na organização do ente federativo há o convívio entre dois ordenamentos jurídicos, o da União ou Federal e o dos Estados-Membros.

Raul Machado Horta afirma que, apesar de já ultrapassados mais de duzentos anos de implantação constitucional dessa forma de Estado na Constituição dos Estados Unidos da América, em 17.9.1787,

a convivência harmoniosa entre o ordenamento federal e os ordenamentos estaduais, entre a União e os Estados-Membros, perdura ainda como grande desafio à criatividade técnica do constituinte federal. (HORTA, Raul Machado. *Direito constitucional*, p. 304)

Explica o grande mestre que a técnica de coexistência entre os ordenamentos jurídicos depende de uma série de fatores, que Garcia Pelayo denominou extraconstitucionais, de índole natural, econômica, social. Acrescenta que a concepção do Estado Federal, determinada pelo constituinte federal e segundo esses fatores extraconstitucionais, conduzirá à real organização federal em determinado momento histórico, podendo surgir o federalismo por agregação (centrípeto), o federalismo por segregação (centrífugo) ou, ainda, o federalismo de cooperação.

É importante ressaltar que no federalismo a técnica de repartição das competências determina o grau de centralização e de descentralização do poder federal.

Em síntese, pode-se dizer que a organização federal está intimamente ligada à repartição de competências, demarcadas na Constituição Federal, que indicam a área de atuação de cada ente que compõe a Federação e o grau de descentralização das atividades do Estado.

LEITURAS COMPLEMENTARES

Leitura 1:
URSS: FEDERAÇÃO OU CONFEDERAÇÃO?

Os meios de comunicação, nesses últimos dias, têm dado muitas notícias referentes aos acontecimentos políticos na URSS – União das Repúblicas Socialistas Soviéticas ou, simplesmente, União Soviética. Acho oportuno fazer aqui, dentro do espaço limitado desta página nobre do *Estado de Minas*, dois comentários a respeito do assunto, procurando tirar algumas dúvidas que estão assaltando os leitores, especialmente os estudantes de Teoria Geral do Estado e de Direito Constitucional. O primeiro comentário é sobre a *Forma de Estado adotada pela URSS*.[1]

No Direito Constitucional entende-se por "Forma de Estado", a estrutura adotada em função da centralização ou descentralização do poder nos Estados. Sob esse aspecto, os Estados podem ser Unitários, Regionalizados e Compostos. O "Estado Unitário", como Portugal, França, Uruguai e Chile, caracteriza-se por um só

---

1 Nota dos Autores: O texto vale agoracomo um estudo de Direito Comparado no tempo.

plano de governo, central, nacional, acima dos municípios. Suas divisões regionais são fruto de uma desconcentração administrativa, e não de uma descentralização política.

O "Estado Regionalizado", como a Itália e a Espanha, meio-termo entre o unitário e o composto, evidencia-se por relativa autonomia política de suas regiões, caracterizada por "estatutos" próprios e governos locais. Estatutos que devem sofrer a aprovação do legislativo nacional.

Os "Estados Compostos", que são Uniões de Estados, dividem-se em Uniões Políticas, Confederações e Federações ou Estados Federais. As "Uniões Políticas", próprias das monarquias, têm hoje, como único exemplo vivo, a Grã-Bretanha, formada pela Inglaterra, Escócia, País de Gales e Irlanda do Norte, antigos reinos que se deixaram "incorporar" quase totalmente pela União, restando-lhes ainda relativa autonomia no poderoso Parlamento britânico, que mantém cadeiras reservadas aos antigos estados.

As "Confederações" (e agora estamos perto de nosso objetivo neste trabalho) são uniões de Estados soberanos. A união se faz através de um "pacto", não havendo uma Constituição única que subordine as constituições dos Estados confederados. Estes, por isso, têm o "direito à secessão", isto é, a capacidade ou faculdade de se separarem pacificamente da confederação. Esta, sem dúvida, a forma a ser adotada plenamente pela CEE – Comunidade Econômica Européia, a partir de 1992. É evidente que a Alemanha, Bélgica, França, Itália, Luxemburgo, Holanda, Dinamarca, Grã-Bretanha, Irlanda, Grécia, Portugal e Espanha (esses são os 12 componentes) não vão abrir mão de sua "soberania", de sua forma de governo (monarquia ou república) e de suas próprias formas de Estado.

Surge, por fim, a "Federação" *ou* "Estado Federal", forma criada pelos norte-americanos em 1787, e que se constitui numa união de Estados que cedem sua soberania à União, conservando para si a autonomia política, submetendo-se todos a uma Constituição "federal", que é superior às constituições dos estados-membros ou federados. Na Federação, há, pois, acima dos municípios, dois planos de governo, completos e distintos, o federal e o estadual. Sendo, na Federação, a soberania um atributo da União, só ela tem personalidade jurídica de Direito Internacional Público. E uma certeza: na Federação, os estados-membros, autônomos politicamente, mas não soberanos, não têm o "direito à secessão", isto é, não podem separar-se da União "por direito". Além dos EUA, são exemplos de Federação, a Alemanha, a Suíça, o México, a Argentina, o Canadá e o Brasil.

Sempre que ministrei tal matéria para os meus alunos da "Milton Campos", disse que a URSS não podia ser encaixada nessa classificação, porque entendo que a União Soviética tem forma *sui generis*. E é fácil verificar-se isso.

Nos termos do art. 70 da vigente Constituição soviética (1977),

> a União das Repúblicas Socialistas Soviéticas é um Estado multinacional, federal e uno, constituído na base do princípio do federalismo socialista, em resultado da livre autodeterminação das nações e da união voluntária das Repúblicas Socialistas Soviéticas iguais em direitos.

Pelo art. 71, vê-se que a URSS é constituída pelas repúblicas da Rússia (que por si é uma verdadeira federação), Ucrânia, Bielo-Rússia (ou Rússia Branca), Uzbequistão, Casaquistão, Geórgia, Azerbaijão, Lituânia, Moldávia, Letônia, Kirguizia, Tadjiquistão, Armênia, Turcomenistão e Estônia, num total, pois, de quinze "estados-membros".

Pela leitura desses dispositivos e pela própria existência de uma constituição "federal", entende-se que a URSS é uma federação. Porém, logo a seguir, o art. 72 estabelece que "cada república federada conserva o direito de sair livremente da URSS". Ora, aí está estabelecido claramente o direito à secessão, característica muito própria da "confederação". O art. 81 complica um pouco mais a questão ao declarar que "a URSS protege os direitos soberanos das repúblicas federadas". Soberania, como já visto, é característica de Estados que se unem em confederação e não em federação.[2]

Pelo texto constitucional, por mais que seja lido, perdura a dúvida e fixa-se a convicção de que a URSS tem uma forma de Estado peculiar, toda sua. (FIUZA, Ricardo A. Malheiros. Estado de Minas de 30 mar. 1991)

---

[2] Nota dos autores: Para o conhecimento da atual Federação Russa, após a "implosão" da URSS, em 1991, ver texto "O Poder Judiciário na Constituição da Federação Russa". *In: Direito Constitucional Comparado*, FIUZA, Ricardo A. Malheiros, Del Rey, 2004.

Leitura 2:
QUE FEDERAÇÃO É ESTA?

Renato Russo perguntou, na famosa música da Legião Urbana: "Que País é este??" E nós perguntamos: Que Federação é esta que temos neste país chamado Brasil?

A Federação (ou Estado Federal) é uma forma de Estado composto em que a União tem a soberania e os estados-membros (estados federados) têm verdadeira autonomia política e administrativa. É uma característica "básica" e "fundamental" para essa forma de Estado criada pelos norte-americanos em sua Constituição de 1787.

Outra característica importante da forma federativa é a existência de dois planos de governo "completos" sobre os municípios: o plano federal e o plano estadual. Em ambos, existem os três órgãos do Poder: o Legislativo, o Executivo e o Judiciário.

A cada dia que passa vemos que, no Brasil, o "pacto federativo" vai sendo desrespeitado e ignorado, com um governo federal cada vez mais poderoso, centralizador e imperialista.

O episódio atual, ao qual a mídia tem dedicado assombrosa e nem sempre correta cobertura, relativo ao "piso" e ao "teto" (engenharia civil?!) dos subsídios ou vencimentos dos magistrados, nos faz duvidar de que vivamos numa "autêntica" federação.

Fico imaginando como os americanos analisariam um "conselhão", em Washington, a determinar os vencimentos dos juízes do Texas e do Mississipi...

Em primeiro lugar, questionamos a própria existência de um Conselho Nacional de Justiça, que é um órgão misto em sua composição, criado pelo poder constituinte "derivado", em franca ofensa ao artigo 60, § 4º, incisos I e III (forma federativa e separação dos poderes), ao artigo 99 (autonomia administrativa e financeira do Judiciário), e ao artigo 125 (organização das justiças estaduais) da Constituição da República Federativa (?) do Brasil.

Em segundo lugar, já que o próprio Supremo Tribunal Federal, por sete votos a quatro, declarou a constitucionalidade de tal Conselho, só nos resta examinar para que finalidade ele foi criado. E o artigo 103-B, introduzido pela Emenda 45, determina, em seu § 4º, que compete ao Conselho Nacional de Justiça o controle da atuação administrativa e financeira do Poder Judiciário e dos deveres funcionais dos juízes. É, pois, uma grande Corregedoria ou uma grande Controladoria, o que, por si só, já é estranho numa federação.

Porém, o Conselho Nacional de Justiça, sob a liderança gigantesca de seu Presidente, está legislando, sem respeito algum pela Federação, pelas constituições estaduais e, o que é pior, pelos princípios fundamentais da Constituição da República, invadindo a seara do Congresso Nacional, cuja câmara alta, o Senado Federal, é formada pelos representantes dos estados-membros da Federação.

Por essa e outras, o Brasil vai sendo transformado num estado regionalizado e, qualquer dia, passa a ser um estado unitário! (FIUZA, Ricardo A. Malheiros. *Estado de Minas*, 25 mar. 2006)

Leitura 3:
A UE E O TRATADO DE LISBOA

No fim do ano de 2003, escrevi artigo, que está publicado em meu livro "Direito Constitucional Comparado" (Del Rey, 5 ed., 2015, págs. 391 a 396). O seu título é *"Uma Federação Europeia?"*

O ponto de interrogação mostrava que o meu pensamento sempre foi, é e será, o de que a *União Europeia* – UE não foi, não é, nem será uma Federação.

A Federação é a forma de Estado Composto, em que os estados-membros (federados) cedem a sua *soberania* para a União (Estado Federal), conservando para si a autonomia política. Na Federação, a tentativa de desligamento de um estado-membro motiva a intervenção, até armada, da União naquela ou naquelas unidades que pretendam se separar.

Na Confederação, que é a união de Estados Soberanos, existe o *direito à secessão*, permitindo a saída voluntária e pacífica de uma unidade confederada que assim o queira fazer.

Na Federação, o documento de união é uma *constituição federal*, superior às constituições estaduais. Na Confederação, o documento de união é um *tratado comunitário*, continuando cada Estado-Membro com sua Lei Maior, com sua forma de Estado, sua forma de Governo e seu sistema de governo.

Na UE, temos estados unitários (ex.: França), estados regionalizados (ex.: Itália) e estados compostos federais (ex.: Alemanha); monarquias (ex.: Grã-Bretanha) e repúblicas (ex.: Hungria); estados parlamentaristas (ex.: Espanha), presidencialistas (ex.:-

Chipre) e semipresidencialistas (ex.: Portugal).

Por tudo isso, e muito mais, a notícia, em junho de 2003, da possível adoção de uma *constituição* para a UE trouxe dúvidas ao autor deste texto. Daí o título interrogativo do meu artigo daquele ano: "*Uma Federação Europeia?*"

Acontece que a tal "constituição" foi rejeitada por referendos realizados na França e na Holanda e, assim, não chegou a vigorar, pois dependia de aprovação *unânime* dos Estados europeus unidos.

Agora, com o *Tratado de Lisboa*, assinado na capital portuguesa pelos representantes dos atuais 27 Estados-Membros da UE (Alemanha, Áustria, Bélgica, Bulgária, Chipre, Dinamarca, Eslováquia, Eslovênia, Espanha, Estônia, Finlândia, França, Grã-Bretanha, Grécia, Holanda, Hungria, Irlanda, Itália, Letônia, Lituânia, Luxemburgo, Malta, Polônia, Portugal, República Checa, Romênia e Suécia), definiu-se a situação. O referido tratado, firmado em 13 de dezembro de 2007, substitui os Tratados de Maastricht e de Roma e descarta a pretensa "constituição".

Segundo matéria muito bem redigida, publicada pelo jornal "*Mundo Português*" de 21/12/07, com o Tratado de Lisboa, "a Comunidade Europeia desaparece de vez, sendo o seu espaço ocupado pela União Europeia, que passa a ser uma entidade única e herda a personalidade jurídica da Comunidade".

O novo pacto europeu, a ser ratificado, neste ano de 2008, pelos parlamentos nacionais ou por referendos locais (mais perigosos...), dá ênfase à ajuda mútua e à democracia; aumenta a coerência política; ressalta a grande importância do bloco comunitário, onde vivem quase 500 milhões de pessoas; reforça o seu peso diplomático no mundo globalizado; define, com clareza, as competências da UE, estabelecendo que "tudo o que não é (expressamente) atribuído à União continua a ser de exclusiva competência dos Estados-Membros".

Cláusula importantíssima do tratado é, sem dúvida, também aquela que institui a "maioria qualificada" na aprovação das grandes decisões da União, abolindo a difícil unanimidade (!) que hoje se exige.

O primeiro-ministro português, José Sócrates, que anfitrionou os 27 líderes europeus e presidiu a histórica cúpula no Mosteiro dos Jerônimos, disse, ao fim da solenidade:

"O projeto europeu é fundado na igualdade entre Estados, no respeito mútuo, na cooperação estreita e na tolerância. Não elimina nem minimiza as identidades nacionais, nem os interesses específicos dos Estados, antes oferece um quadro de regulação multinacional de que resultam benefícios para o conjunto e para cada uma das partes que nele participam."³

E isso é ou não é uma verdadeira *Confederação*?
(FIUZA, Ricardo A. Malheiros. *Estado de Minas*, Direito & Justiça, 4. fev. 2008).

Leitura 4:
O 1808 E AS FORMAS DE ESTADO DO BRASIL

As televisões, os jornais, as revistas e os livros já estão abordando o tema a todo vapor ou, melhor, "a velas enfunadas": a vinda da Família Real portuguesa para o Brasil, cujo bicentenário será comemorado no início do ano-que-vem.

Boa oportunidade para se homenagear D. João VI, que nada tinha de parvo, como caricatamente, sempre dele se falou. Mesmo parecendo (ou querendo ser) indeciso, ele foi um estadista e um estrategista, ao transplantar a capital do reino lusitano para o trópico sul americano, numa atitude inédita e única na História.

Dele disse o grande Napoleão Bonaparte, em suas Memórias: *"Foi o único que me enganou."*

Escritores, jornalistas, acadêmicos já estão a tratar de reconstruir a imagem histórica de D. João VI. O professor de T.G.E., que aqui escreve, prefere, na oportunidade, tratar das formas de Estado que o Brasil teve *antes e depois do 1808*.

O que se denomina "Forma de Estado", no Direito Público, é a estrutura adotada em função da centralização ou da descentralização do Poder nos Estados. Sob esse aspecto os Estados são unitários, regionalizados ou compostos (estes podem ser uniões políticas monárquicas, confederações e federações).

Curiosamente, o nosso Brasil passou por diversas formas de Estado em sua História, nem sempre bem estudada sob o ponto de vista jurídico.

Em linguagem bem sucinta e simples ("jornalístico-jurídica", como diria o mestre Jorge Miranda), vamos examinar tais mudanças estruturais.

1. Enquanto colônia, o Brasil integrava Portugal, primeiro *Estado Unitário*, verdadeiramente nacional, da Europa.

---

3   Ver artigo *Decisão Plebiscitária Britânica* ao final do 2º Capítulo deste livro (Leitura Complementar n. 3).

2. Em 1532, o Rei D. João III estabeleceu no Brasil o regime das Capitanias Hereditárias, dando ao país uma coloração de *Estado Regionalizado*, já que os capitães-donatários, como disserta Queiroz Lima, gozavam de verdadeiras atribuições de governo, legislando, administrando e judicando, só devendo obediência à Coroa.

3. Com o insucesso quase total do sistema, o próprio D. João III, em 1548, sem extinguir as capitanias, criou um Governo Geral, para lhes dar "favor e ajuda". Vê-se, aí, já agora, a intenção centralizadora do monarca, dando pouca autonomia às capitanias. Fixou-se a capital em Salvador, como cidade-fortaleza, e elaborou-se um Regimento, que tratava das funções administrativas, legislativas e judiciárias, além de segurança, finanças e comércio. Um verdadeiro Estatuto. O Brasil funcionou àquela época como uma grande *região autônoma* de Portugal, à maneira do Canadá e da Austrália, em relação à Grã-Bretanha, em certa e ainda recente fase de suas respectivas histórias.

4. De 1580 a 1640, o Brasil, que nunca foi colônia da Espanha, fez parte, com Portugal, da *União Política Pessoal* hispano-lusa, decorrente da morte do soberano português D. Sebastião, solteiro e sem filhos, e a consequente subida sucessiva, ao trono de Lisboa, dos Filipes espanhois. A União Política Pessoal significa que a ligação só se faz na *pessoa* do monarca, continuando os Estados com sua vida internacional própria e seus governos internos separados. Tal união se desfez no reinado de Filipe IV, da Espanha, que era Filipe III, de Portugal. Os portugueses revoltaram-se e aclamaram o Duque de Bragança Rei de Portugal, com o título de D. João IV.

5. De 1720 em diante, embora não tenha havido um ato formal, o Brasil passou à condição de Vice-Reino de Portugal, situação que perdurou até 1815. O nosso país passou, então, a ter o título de "Estado do Brasil" e a capital foi transferida para a Cidade de São Sebastião do Rio de Janeiro, em 1763. O vice-rei era um governador geral, com mais pompa e circunstância. Contra suas decisões executivas, legislativas e judiciárias, só cabia recurso ao soberano. Mais uma vez, quanto à forma, vemos o Brasil como uma *região autônoma*, agora unitária, de Portugal, como hoje ainda são a Madeira e os Açores.

6. Em 1808, como todos sabemos, D. João, ainda príncipe regente, chega ao Brasil, com sua louca mãe, a Rainha Dª. Maria I, e com todos os nobres e tesouros lusitanos. Kenneth Maxwell, o conhecido brasilianalista, citado por Cyro Siqueira (EM 1º/12/07), afirmou que a chegada da Corte portuguesa foi o *verda-*

deiro momento fundador do Brasil. O Rio de Janeiro passou a ser a capital da monarquia! Em 1815, depois de ter decretado tantos benefícios ao nosso país, como, decerto, os historiadores e jornalistas já estão "revivendo" em seus escritos, D. João, ainda regente, eleva o Brasil à categoria de *Reino*. Passa pois o vice-reino a integrar, como Reino, uma *União Política Real*, com a denominação pomposa de "Reino Unido de Portugal, Brasil e Algarves". A união real é uma forma de Estado composto, mais íntima que a união pessoal e significa a ligação de duas ou mais monarquias, com o mesmo soberano, sem diferença de desinência numérica, aparecendo na vida internacional como um só Estado. (A Grã-Bretanha é um exemplo vivo e incorporado desse tipo de união). Ela nasce com um ato jurídico, como foi o "Ato de Rei", de 16 de dezembro de 1815. Com a morte de Dª. Maria I, em 1816, ainda no Brasil, o príncipe passa a ser o Rei D. João VI. Em 1821, contra sua vontade, ele parte para Lisboa, deixando aqui seu filho Pedro, na qualidade de príncipe-regente do Brasil, com um ministério próprio.

7. Em 7 de setembro de 1822, vem o "Grito do Ipiranga" e cria-se o Império do Brasil. A Constituição de 1824 consagra a forma de *Estado Unitário*, com o território dividido em províncias, num exemplo de desconcentração administrativa e não de descentralização política. O jovem Pedro I, Imperador, jura obedecer a carta outorgada no dia 25 de março de 1824. Foi a constituição que mais tempo vigorou no Brasil (65 anos).

8. Com a morte de D. João VI, em 1826, em Portugal, o nosso Pedro I, Imperador, recebe de herança o trono português e, lá, passa a ser Pedro IV, Rei. Forma-se, então, uma *União Política Pessoal* entre Brasil e Portugal, exclusivamente na pessoa do monarca. Tal forma de Estado durou apenas até 1831, quando o impetuoso Pedro, renunciou ao trono brasileiro em favor do menino Pedro, que viria a ser o Imperador Pedro II, o Democrata. Da coroa portuguesa, ele já havia adbicado *condicionalmente*, até que sua querida filha Maria da Glória, nascida no Rio, passasse a ser efetivamente a Rainha D. Maria II de Portugal, a Educadora.

9. Finalmente, em 15 de novembro de 1889, proclama-se afoitamente a república e, em 1891, com a primeira constituição republicana, adota-se a *Federação*, forma de Estado composto, criada pelos norte-americanos em 1787, e pela qual a União passa a ter a soberania no plano interno e internacional e os estados-membros têm a autonomia política, com

personalidade jurídica de Direito Público interno. A federação americana nasceu de baixo para cima, com os Estados, antes confederados, cedendo as suas soberanias para a União e conservando para si grande dose de autonomia política. No Brasil, a federação veio de um *estado unitário*, de cima para baixo.

Mesmo assim, temos a característica básica da federação: dois planos de governo completos (legislativo, executivo e judiciário), na União e nos Estados-Membros, havendo, pois, a *descentralização política*.

Somos uma federação, sim, embora bem alerte o sempre presente Raul Machado Horta que, no Brasil, "o convívio harmonioso entre o ordenamento federal e os ordenamentos estaduais, entre a União e os Estados-Membros, perdura ainda como grande desafio à criatividade técnica do constituinte federal". É só ler os periódicos diários e semanários, ouvir o rádio e assistir à televisão, para se ver que, no Brasil, a federação mesmo cláusula pétrea, está sempre ameaçada pelos forças da União! (FIUZA, Ricardo A. Malheiros. *Del Rey Jurídica*, n. 18, dezembro, 2007)

Leitura 5:
NOSSO DISTRITO FEDERAL É MESMO FEDERAL?

O Governo Federal precisa estar em sua casa.
João Barbalho Ulhôa Cavalcanti

O *Estado Federal* ou *Federação*, forma de Estado criada pela Constituição Americana (1787) e adotada pelo Brasil em 1891, tem características marcantes que devem ser seguidas pelos países, ou melhor, pelos Estados que a adotam, sob pena de, em não as obedecendo, deformar tal forma.

Uma dessas características, básica aliás, é a existência de dois planos de governo completos por sobre os municípios: o plano *federal*, sede da *soberania* da União, e o plano *estadual*, situado nos estados-membros ou estados federados, onde mora a *autonomia política*.

Tanto a União quanto os estados-membros dispõem dos três órgãos montesquianos do Poder Estatal: o Executivo, o Legislativo e o Judiciário. Suas competências estão elencadas na Constituição Federal (o parâmetro obrigatório) e nas Constituições Estaduais.

Os que estão a ler este artigo decerto irão pensar que o escrevo em razão da vergonhosa situação moral que se abate sobre a terra brasiliense. Porém os meus alunos da "Milton Campos" sabem que sempre falei da posição *exdrúxula* da capital do Brasil. E, afinal, qual é a capital do Brasil? Brasília ou o Distrito Federal?

* * *

Quando do Império, o Brasil era um Estado Unitário, dividido em províncias administrativas, sem autonomia política. E a Cidade do Rio de Janeiro, capital imperial, era corretamente considerada um *município neutro*. Com sua conhecida clareza, *Kildare Gonçalves Carvalho* (*Direito Constitucional*, 15. ed., Del Rey, 2009) explica: "O Distrito Federal sucedeu ao Município neutro que era a sede do Governo e Capital do Império. Ao município neutro era atribuída organização própria, diversa dos demais municípios. Não integrava o território de nenhuma província, sendo a Cidade do Rio de Janeiro a sede do Governo com o estabelecimento da Família Imperial em seu território". Portanto, ali "mandava" a Coroa...

* * *

O art. 2º da Constituição de 1891 (que adotou a Federação e a República) estabeleceu que cada uma das antigas províncias passava a ser um estado-membro da União e que o antigo "município neutro" (Rio de Janeiro) passava à condição de Distrito Federal (DF), continuando a ser a Capital do Brasil, enquanto não houvesse a mudança para o Planalto Central (a previsão já havia). E o art. 34, tratando da competência privativa do Congresso, decretava, em seu nº 30, caber ao Legislativo da União legislar sobre a organização municipal do DF, bem como sobre a polícia, o ensino superior e os demais serviços que na Capital fossem reservados para o Governo da União.

* * *

A Constituição (legítima) de 1934, de efêmera duração, por causa do golpe do Estado Novo, em seu art. 1º falava na "união indissolúvel dos Estados, do Distrito Federal e dos Territórios". E, em seu art. 5º, inciso XVI, dizia caber privativamente à União organizar a administração dos Territórios e do DF e dos serviços neles reservados ao Governo Federal. O art. 15 estabelecia claramente que o DF deveria ser administrado por um *prefeito*, nomeado pelo Presidente da República, com aprovação do Senado Federal, cabendo funções apenas *deliberativas* a uma Câmara Municipal eleita. E não *legislativas*.

***

A Constituição (outorgada) de 1937, em seu art. 7º, prescrevia secamente que o então Distrito Federal (Rio de Janeiro), enquanto sede do Governo da República, seria *administrado pela União*. Nesse ponto, a nosso juízo, andou bem a tão criticada Constituição de Vargas. O art. 30 arrematava a questão, determinando que o prefeito (nada de governador) do DF seria nomeado e demitido pelo Presidente da República, cabendo as funções *deliberativas* para o DF ao Conselho Federal (câmara alta do Parlamento Federal, o qual nunca, diga-se de passagem, foi eleito e instalado no Estado Novo...). Não aceitando evidentemente a Ditadura que então se implantou (1937 a 1945), merece, porém, elogio o tratamento dado na Carta à *Capital Federal*.

***

A democrática Constituição de 1946, em seu art. 1º, § 1º, estabelecia que a União compreendia, além dos Estados (membros), o Distrito Federal e os Territórios. No § 2º ditava que o DF era a Capital da União. O art. 26, começou, a nosso entender, a complicar a questão, ao determinar que o DF fosse administrado por um Prefeito, nomeado pelo Presidente da República (até aí, tudo bem) e que tivesse uma Câmara, eleita, com funções *legislativas*. O art. 60 complicou mais ainda, ao estabelecer: "O Senado Federal compõe-se de representantes dos Estados e do Distrito Federal (...)". Por quê *senadores* para uma entidade federal? Sabe-se que, em uma federação autêntica, os componentes da câmara alta são os representantes da autonomia política dos estados-membros perante o Legislativo da União (é o bicameralismo *federal*). A EC n. 2, de 3/7/56, foi mais além, ao estatuir que o DF passava a ser *administrado* por um Prefeito, cabendo as funções *legislativas* a uma Câmara de Vereadores eleitos, *estes* e *aqueles*, por sufrágio direto. Na verdade, o que estava acontecendo, então? A estranha transformação de um distrito *federal* em uma unidade curiosamente dotada de autonomia política *sui generis*, com a possibilidade da eleição de deputados federais (o que pode ser aceitável, pois os componentes da câmara baixa são representantes do povo, conjunto de eleitores, e, na capital republicana, obviamente há povo!) e senadores (o que não já se justifica, como dito anteriormente). Washington-DC, capital dos Estados Unidos da América, não tem deputados federais nem senadores no Capitólio, é bom que se diga.

***

A Constituição de 1967, também outorgada, equiparou, de certa forma, o DF aos Territórios Federais, ao localizar essas entidades *federais* em um capítulo especial do seu Título I. No art. 42, inciso III, aparece a figura de um *governador*, nomeado pelo Presidente da República (como nos Territórios), ouvido o Senado. Cabendo, ainda, a essa câmara alta discutir "os projetos de lei concernentes ao serviço público, ao pessoal, ao orçamento e aos tributos do Distrito Federal". A EC n. 25/1985 elevou, de maneira incorreta, s.m.j., o DF à condição de ente federativo autônomo.

* * *

Finalmente, a "Constituição Cidadã" (1988), em seu art. 32, liquida o assunto, não o corrigindo e, sim, a nosso ver, agravando a situação. Senão vejamos, com a simples leitura do *caput* e dos quatro parágrafos do referido artigo. O topo do dispositivo proíbe que o DF seja dividido em municípios. Cria a necessidade de uma lei orgânica (uma "constituiçãozinha"?) a ser elaborada e aprovada pela Câmara Legislativa "distrital" (uma "assembleinha" constituinte decorrente?). O § 1º estabelece que o DF terá as competências atribuídas aos estados-membros e aos municípios (?!). O § 2º cuida da *eleição* do Governador e do Vice-Governador e dos deputados distritais. O § 3º dá aos deputados distritais, e à própria Câmara, as garantias, prerrogativas e vantagens concedidas aos deputados estaduais. O § 4º toca em um ponto delicado ao prescrever que "lei federal disporá sobre a utilização, pelo Governo do Distrito Federal, das polícias civil e militar e do corpo de bombeiros". É bom lembrar aqui da recente ação desastrada da PMDF, a deixar perplexos os observadores do mundo inteiro. Os noticiários internacionais questionaram os fatos acontecidos na Capital da República, sede do Governo da União, sem que este nada pudesse fazer! E até que poderia, mas já seria uma *intervenção* (art. 34, incisos II e VII, *b* da CRFB)!

* * *

Rui Barbosa, em seus Comentários à nossa primeira Constituição Republicana, já dizia que o nosso DF era "um semi-estado, um quase-estado". É de se imaginar o que diria o grande baiano ao analisar o DF de agora, assim esquisitamente estruturado por motivos obviamente políticos e eleitoreiros.

Entendemos que nada disso deveria acontecer. O DF deveria ser, em nossa opinião, como que uma autarquia federal, como o são os territórios federais, estruturada por *lei federal*. Uma autarquia especialíssima, a ser administrada diretamente pelo Governo da União, com suas contas submetidas ao Congresso Nacional, após parecer do Tribunal de Contas da União (nada de TCDF!...). O Administrador do DF (nem prefeito e muito menos governador) seria um servidor público, a ser designado e demitido pelo Chefe do Executivo Nacional. Para coadjudivar esse grande *síndico*, um Conselho Deliberativo, a elaborar *posturas*, de acordo com lei federal.

O professor americano *Robin Brett Parnes*, em objetivo artigo (http://viagem.hsw.uol.com.br), explica que, em contraste com os Estados (federados), as posturas e os orçamentos do DC (Washington) são revisados e modificados pelo Congresso dos Estados Unidos.

Quanto ao Judiciário, note-se que, no DF, esse órgão do Poder *é organizado e mantido pela União*, mas é um judiciário local e não integra a Justiça Federal. Vê-se aí logo um tempero de confusão. É bom lembrar que os Magistrados de Brasília, primeira e segunda instâncias, já o são do Distrito Federal e *Territórios*.

Lembra o citado *Parnes* que, diferentemente dos Estados, os quais organizam seu Judiciário e nomeiam seus juízes e tribunais, no DC, o Presidente dos Estados Unidos é que é os nomeia, à maneira dos Juízes Federais.

* * *

Os que, porventura (por ventura minha), lerem este artigo, por favor não pensem nas *pessoas atuais*, que exercem as funções de Governador, de Vice-Governador, de deputados distritais e até de Presidente da República e, sim, na estrutura técnica que possa ser a melhor para nossa Capital Federal, livre dessa política pequena e dessa dubiedade de comandos que hoje ali *reinam* ou *imperam* (no pior sentido das palavras). E pensem no grande *João Barbalho*, citado no início: uma casa com dois chefes gera o *caos*. (FIUZA, Ricardo A. Malheiros. *Del Rey Jurídica*, n. 22, dezembro de 2009)

5º Capítulo
FORMAS DE GOVERNO

1. INTRODUÇÃO

Os Estados se apresentam sob aspectos variáveis, daí a necessidade de agrupá-los separadamente e classificá-los, segundo as suas principais características. Entre os muitos critérios que podem ser firmados para essa classificação (econômico, territorial, populacional, militar), sobressai o que tem por base o poder ou a autoridade, ou seja, o governo, a organização das instituições soberanas.

Entretanto, essa classificação é dificultada pela imprecisão terminológica, considerando que não há uniformidade no emprego das expressões "forma", "sistema" e "regime de governo". Para alguns doutrinadores, esses termos são sinônimos; para outros, cada um deles tem acepção própria e há aqueles que cuidam desse tema sob o título de formas de Estado.

Nesse estudo, didaticamente, são adotados significados próprios para cada uma dessas expressões, a fim de tornar mais clara a compreensão e precisar a terminologia doutrinária.

As formas de governo correspondem ao modo pelo qual o poder se organiza e se exerce, de tal sorte a permitir reunir os Estados em sua maneira de ser e estabelecer a situação jurídica e social dos indivíduos em relação à autoridade. As formas de Estado, como já analisadas no 4º capítulo, designam a estrutura estatal interna em decorrência da centralização e ou descentralização das atividades estatais.

Os sistemas de governo decorrem da posição dos órgãos de Poder do Estado e de suas relações no processo governamental. O modo como se relacionam os "poderes", em especial, o Executivo e o Legislativo, dão origem aos sistemas parlamentarista, presidencialista, semipresidencialista e diretorial, os quais serão abordados quando examinarmos os "poderes constituídos" (Capítulo 9º deste livro).

O regime de governo ou regime político está associado à realidade política de um Estado. O regime de governo determina o modo efetivo pelo qual o Poder do Estado é exercido, como os homens são governados em determinado momento histórico. Os regimes políticos podem se apresentar como democráticos ou autoritários.

Como último esclarecimento, aqui, não se fará uma análise dos governos autoritários ou ditatoriais ou totalitários, pois são regimes que obedecem unicamente à força e como tal não permitem a evolução das vocações políticas. Nesse regime, prevalece a vontade de uma única pessoa ou ditador, um partido ou um comitê, uma assembleia ou um grupo, que age com violência e opressão, podendo até mesmo dirigir a formação da consciência social.

2. FORMAS DE GOVERNO SEGUNDO ARISTÓTELES (385 – 322 A.C.)

A mais antiga classificação de forma de governo remonta a Aristóteles, filósofo grego, nascido em Estagiros (Macedônia), tendo se fixado em Atenas (367 a.C.), onde ouviu por vinte anos as lições de Platão. Curiosamente, os seus tratados provêm de notas tomadas por seus ouvintes.

Para Aristóteles, o homem é um animal cívico e a felicidade, como bem supremo, deve ser-lhe assegurada. A maneira de proporcionar a felicidade a cada criatura humana é por meio de um bom governo à sua cidade (na antiga Grécia, no sentido de cidade-estado). Estabelecer qual a melhor forma de governo é tema de sua obra *Política*.

Segundo o estagirita,

> o governo é o exercício do poder supremo do Estado. Este poder só poderia estar ou nas mãos de um só, ou da minoria, ou da maioria das pessoas. Quando o monarca, a minoria ou a maioria não buscam, uns ou outros, senão a felicidade geral, o governo é necessariamente justo. Mas, se ele visa ao interesse particular do príncipe ou dos outros chefes, há um desvio. O interesse deve ser comum a todos ou, se não o for,

não são mais cidadãos. (ARISTÓTELES. *A política*, p. 105-106)

Na classificação de Aristóteles, o poder soberano pode ser exercido por um só homem, por poucos homens ou pela maior parte dos homens, visando o bem comum ou o seu interesse privado.

Para saber se a forma de governo é normal (pura) ou anormal (impura), o critério proposto pelo estagirita é ético, ou seja, se o governante atende ao interesse geral, a forma de governo é normal; se, ao contrário, procura satisfazer os seus próprios interesses e obter vantagens pessoais, a forma é anormal. A diferença de cada forma de governo está no número de agentes do poder (critério numérico).

A classificação de Aristóteles resume-se no seguinte esquema:

– *Formas puras ou normais*
- Monarquia (Realeza): governo de um só, em benefício de todos.
- Aristocracia: governo de um grupo de elite, em benefício de todos.
- Democracia (Politia ou República): governo do povo, em benefício de todos.

– *Formas impuras ou anormais*
- Tirania (Despotia): corrupção da monarquia. Governo de um só em benefício próprio.
- Oligarquia: corrupção da aristocracia. Governo da minoria em benefício próprio, dos mais ricos, dos nobres.
- Demagogia (Democracia): corrupção da democracia, supostamente em benefício de todos.

Cumpre destacar que a obra de Aristóteles foi traduzida por diversos autores e as expressões usadas por um e outro intérprete sofrem variações. Alguns empregam o vocabulário de Aristóteles, outros procuram explicar o seu pensamento sem repetir as suas palavras. Assim, nas traduções da classificação aristotélica são encontradas como sinônimas as denominações monarquia e realeza;

democracia, politia e república; tirania e despotia; demagogia e democracia. Hoje, tais expressões são muito usadas para "qualificar" as formas de governo.

Essa classificação do filósofo grego que é genérica, baseando-se somente nos critérios ético e numérico, ainda hoje é aceita e usada na teoria e na prática.

3. FORMAS DE GOVERNO SEGUNDO NICCOLÒ MACHIAVELLI (1469 – 1527)

Maquiavel foi um célebre político, historiador e comediógrafo italiano. O famoso autor de *O príncipe*, em que fixa os princípios necessários para estabelecer um governo forte, inclusive pela violência e pela fraude, e dos *Comentários sobre a primeira década de Tito Lívio – "Discorsi"*, em que toma exemplos da história romana antiga para demonstrar os princípios de um governo republicano, igualmente, tratou das formas de governo, rejeitando a distinção entre formas puras e corruptas. (MACHIAVELLI, Niccolò. *Comentários sobre a primeira década de Tito Lívio*).

Nos *Discursos*, publicados em 1531, o pensador florentino falou num ciclo de governo que se iniciava pela "Anarquia", caracterizada pela ausência de governo, o início da vida humana em sociedade. Para se protegerem, os indivíduos escolhiam um chefe forte e robusto. Depois a escolha passou a recair no chefe mais sensato e justo. Algum tempo depois, surge a "Monarquia" hereditária. Os filhos dos grandes reis degeneram e surge a "Tirania". Para acabar com os seus males, os homens bons conspiram para derrubar o tirano e conseguem, mas, por horror ao governo de um só, criam a "Aristocracia". Os filhos dos aristocratas, que não sofreram a tirania, consideram-se superiores ao povo e surge a "Oligarquia". O povo, não suportando os desmandos da oligarquia, destituiu os oligarcas e instalou a "Democracia", o "Estado popular". Todavia, o povo se degenerou e passou a usar em proveito próprio a condição de participante no governo. Daí a democracia mal desenvolvida se transforma em demagogia, caindo-se na anarquia inicial.

Em sua obra *O príncipe*, publicado em 1532, Maquiavel nas primeiras linhas, afirmou: "Todos os estados, todos os domínios que tiveram e têm poder sobre os homens foram e são ou repúblicas ou principados". (MAQUIAVEL, Nicolau. *O príncipe*, p. 3)

O próprio florentino acabou por classificar e distinguir as formas de governo em duas: Monarquia, governo hereditário e vitalício; e República, governo renovado mediante eleições periódicas.

4. AS ATUAIS FORMAS DE GOVERNO

Tomando-se por base os estudos dos dois grandes pensadores mencionados e fazendo uma comparação das constituições atuais, vemos que duas são as principais formas de Governo do mundo contemporâneo: a Monarquia e a República, ambas convivendo, mais ou menos, com a Democracia, conforme se distribua o exercício do Poder em suas estruturas.

Com o ápice da Revolução Anglo-Franco-Americana, no fim do século XVIII, os reinados do mundo europeu, para sua própria sobrevivência e pela vontade de seus povos, passaram a mesclar a hereditariedade e vitaliciedade de seus monarcas com a eletividade (voto) e a temporariedade (mandato) de seus parlamentos, surgindo as chamadas "monarquias limitadas", de que são exemplos atuais importantes a Grã-Bretanha, a Espanha, a Bélgica e a Suécia.

Por outro lado, as repúblicas "suavizaram" aquelas características rígidas apontadas por Maquiavel, reservando a eletividade e a temporariedade somente, como afirma Geraldo Ataliba, para "os exercentes de funções políticas" (chefes de executivo e legisladores), consolidando-se as "repúblicas democráticas indiretas ou representativas".

4.1 Monarquia

O conceito clássico de Monarquia está no próprio sentido do vocábulo, o governo em que o poder está nas mãos de um indivíduo.

A Monarquia foi adotada há muitos séculos, por quase todos os Estados do mundo. Com o passar dos tempos ela foi sendo pouco a pouco enfraquecida. Por força das circunstâncias, o término da Idade Média traz a necessidade de governos fortes, para restabelecer a unidade territorial dos reinos, fazendo ressurgir a Monarquia, não sujeita a limitações jurídicas, daí o adjetivo: absoluta.

a) Monarquia Absoluta

Na Monarquia Absoluta o governo não obedece a qualquer Constituição, a nenhuma ordem jurídica que regule a ação da autoridade. O poder de governo centra-se inteiro e ilimitado nas mãos do monarca, sem qualquer tipo de ponderação. O monarca exerce, por direito próprio, as funções de legislador, administrador e supremo aplicador da justiça. Age por seu próprio arbítrio, não tendo que prestar contas de seus atos senão a Deus.

Somente nos governos absolutos se encontra o Estado dirigido por uma única vontade individual, que seja a mais alta e não dependa de nenhuma outra.

Tal definição, porém, não se aplica aos Estados Contemporâneos. Nas Monarquias atuais, praticamente todas são limitadas. O poder central se reparte admitindo órgãos autônomos de função paralela, assim, o rei não governa sozinho, sua autoridade é limitada pela de outros órgãos coletivos quase sempre, como por exemplo, o Parlamento.

b) Monarquias Limitadas

Nas Monarquias Limitadas, o governo obedece a uma Constituição ou leis estabelecidas, dentre elas destacam-se três tipos: de estamentos, constitucional e constitucional parlamentar.

b.1) Monarquia Limitada de Estamentos

A primeira limitação que surgiu ao poder do soberano foi a Monarquia Limitada de Estamentos, caracterizada por segmentos da nobreza e do clero que exerciam influência sobre as normas ditadas pelo monarca.

A Monarquia Limitada de Estamentos é própria do regime feudal. Na Inglaterra medieval, em 1215, os barões e o clero impuseram ao rei "João Sem Terra", arbitrário e vingativo, a assinatura da Magna Carta, que limitava os poderes reais, especialmente, em matéria fiscal, somente reconhecendo como obrigatórios os impostos e as taxas aprovados pelo conselho geral do reino (commune concilium regni). A Magna Carta materializou a influência dos estamentos sobre o poder do soberano e continua ainda hoje em vigor.

b.2) Monarquia Limitada Constitucional

Na Monarquia Constitucional, o rei exerce as funções executivas como Chefe de Estado e de Governo, ao lado dos órgãos Legislativo e Judiciário, nos termos de uma Constituição, não elaborada pelo monarca.

Esclareça-se que o Chefe de Estado é o porta-voz, a figura mais alta na representação desse Estado, e o Chefe de Governo é aquele que se ocupa da direção político-administrativa no campo interno do Estado.

A Monarquia Limitada Constitucional se assemelha à República Presidencialista, diferenciando-se desta pela vitaliciedade e pela hereditariedade do Monarca, na primeira, em oposição à eletividade e temporariedade na segunda. São exemplos a Holanda, a Dinamarca, a Suécia e a Noruega.

No Brasil, como exemplo histórico, D. Pedro II, Imperador, era Chefe de Estado e de Governo (Constituição de 1824), sendo titular do Poder Moderador e Executivo, nomeando e demitindo livremente os seus ministros que a ele deviam responsabilidade.

b.3) Monarquia Limitada Constitucional Parlamentar

Na Monarquia Parlamentar, segundo a fórmula dos ingleses, "o rei reina, mas não governa". Nesse tipo de Monarquia, o rei exerce funções de representação do Estado, sendo fundamental para a estabilidade e a unidade do Estado, especialmente, em momentos de crise, em que se torna necessária a indicação de um Primeiro-Ministro, submetendo-a à aprovação do Parlamento.

As funções de governo são exercidas pelo Primeiro-Ministro, que estabelece a orientação política geral, permanecendo no cargo enquanto detiver a confiança do Parlamento. O Chefe de Governo é escolhido no Parlamento, com base nas eleições parlamentares, tendo seu nome apenas homologado pelo soberano.

No parlamentarismo o Chefe de Estado pode dissolver o Parlamento, ou pelo menos a Câmara Eletiva, quando o sistema é o bicameral. Com isso, o Chefe de Estado refreia os excessos do controle parlamentar exercido sobre o governo, convocando eleição.

São exemplos de Monarquias Limitadas Constitucionais Parlamentares: a Grã-Bretanha, a Espanha e o Japão.

4.2 República

A República é a forma de governo que se contrapõe à Monarquia e tem sentido próximo ao de Democracia, pois, possibilita a participação popular no governo.

O ideal republicano desenvolveu-se no final do século XVIII através das lutas contra a Monarquia Absoluta e pela afirmação da soberania popular.

Para Rui Barbosa: "República é a forma de governo em que além de existirem os três poderes constitucionais, o Legislativo, o Executivo e o Judiciário, os dois primeiros derivem de eleição popular."

Em definição, já citada, de Geraldo Ataliba: "República é o regime político em que os exercentes de funções políticas (executivas e legislativas) representam o povo e decidem em seu nome, fazendo-o com responsabilidade, eletivamente e mediante mandatos renováveis periodicamente".

As características essenciais da República são as seguintes: a eletividade (o governante é eleito pelo povo, não se admitindo a sucessão hereditária), temporariedade (o governante recebe um mandato, por um período certo), e responsabilidade (o governante é politicamente responsável e deve prestar contas ao povo de sua orientação política).

4.2.1 Classificações da República

Na clássica lição de Montesquieu, há duas espécies de República, que são determinadas pela maior ou menor interação entre o povo e o poder soberano:

> Quando, na República, o povo em conjunto possui o poder soberano, trata-se de uma Democracia. Quando o poder soberano está nas mãos de uma parte do povo, chama-se uma Aristocracia. (MONTESQUIEU. *O espírito das leis*, p. 19)

Assim, a República pode ser aristocrática ou democrática.

a) República Aristocrática

A República Aristocrática é o governo de uma classe privilegiada por direitos de nascimento ou conquista.

Darcy Azambuja assinala que na República Aristocrática "o direito de eleger os órgãos supremos do poder reside em uma classe nobre ou privilegiada, com exclusão das classes populares".

Em linhas gerais, na República Aristocrática são exigidos altos requisitos de elegibilidade, que é a condição para votar e ser votado. Assim, sempre que se restringe o direito de voto, aproxima-se mais da aristocracia; opostamente, estende-se o voto e caminha-se para a democracia.

São exemplos históricos: Atenas e Veneza, Gênova, Florença (elite eleita).

b) República Democrática

A República Democrática é aquela em que todo o poder emana do povo. O direito de eleger e ser eleito pertence aos cidadãos, sem diferenciação de classe, observadas somente as exigências legais quanto à capacidade para a prática de atos jurídicos.

O Brasil é tipicamente uma República Democrática. O art. 60 da Constituição da República, que consagra o Poder Constituinte Derivado, traz como cláusula pétrea o voto direto, secreto, universal e periódico (§ 4º, inciso II).

b.1) Democracia – aspectos relevantes

A palavra democracia e o seu conceito vieram da Grécia: governo do povo. Por estar intimamente ligada ao modo de realização da convivência humana em sociedade e às relações intersubjetivas entre o indivíduo e o poder político, o seu conteúdo tem se transformado e enriquecido por meio da história. Em breve análise, examinaremos a democracia considerando os períodos da antiga Atenas, no século XIX e na atualidade.

b.1.1) Democracia Antiga

Na democracia de Atenas, o povo não era a soma de todos os indivíduos que viviam sob o governo daquela cidade-estado. Os direitos políticos não eram reconhecidos aos escravos, aos estrangeiros, às mulheres e às crianças. As decisões mais importantes deviam ser tomadas por todo o povo, conforme as leis. Todavia, nem todos os citadinos compareciam às assembleias populares. O que era apresentado ao povo já estava previamente discutido e estudado no Senado. O povo não tinha direito de iniciativa, apenas admitia ou rejeitava o ato apresentado. No momento de discussão na assembleia,

> todo o homem podia falar, sem distinção de fortuna, nem de profissão, mas precisava de provar estar no gozo dos seus direitos políticos, não ser devedor ao Estado, ser de costumes puros, estar legitimamente casado, possuir bens de raiz na Ática, haver cumprido todos os seus deveres para com seus pais, ter feito todas as expedições militares para as quais fora escolhido, e provar não ter deixado no campo, em nenhum combate, o seu escudo. (COULANGES, Fustel de. *A cidade antiga*, p. 405)

Em relação à liberdade, Darcy Azambuja adverte que:

> os cidadãos atenienses consideravam-se livres porque somente obedeciam a leis por eles próprios votadas e executadas por autoridades eleitas por eles próprios. Essas leis, porém, impunham uma religião, um culto obrigatório a deuses determinados e preceitos tão numerosos que envolviam e regulavam integralmente o homem, política, social, moral e intelectualmente. (AZAMBUJA, Darcy. *Teoria geral do Estado*, p. 217-218).

E quanto à igualdade, continua o mesmo autor, "(...) foram as profundas e irremediáveis desigualdades econômicas uma das causas da decadência e morte da democracia grega."

b.1.2) Democracia Clássica no século XIX e na atualidade

Ao final do século XVIII, o ideal de liberdade política e civil, que derrotou o absolutismo, acabou por estabelecer a denominada democracia clássica caracterizada pela soberania popular, o exercício do poder político por órgãos distintos, a limitação das prerrogativas dos governantes e a garantia de direitos individuais.

A democracia clássica, que era em essência política e individualista, bem como primava pela liberdade, após a Primeira Guerra Mundial, começou a ceder às ideias que objetivavam alterá-la, dando-lhe uma concepção não só política, mas também social. Assim, ao lado da democracia política passou a se desenvolver a democracia social, com amparo aos trabalhadores, às crianças e aos idosos; combate ao abuso do poder econômico e limitação da propriedade.

A conotação contemporânea de democracia reclama o efetivo reconhecimento da dignidade da pessoa humana e do pleno desenvolvimento do homem em uma sociedade livre, justa e solidária.

Numa perspectiva de realização da democracia econômica, social e cultural, Canotilho diz que

> a democracia é um processo dinâmico inerente a uma sociedade aberta e activa, oferecendo aos cidadãos a possibilidade de desenvolvimento integral, liberdade de participação crítica no processo político, condições de igualdade económica, política e social. (CANOTILHO, José Joaquim Gomes. *Direito constitucional e teoria da constitucional*, p. 279)

Como expressão filosófica de convivência, Kildare Gonçalves Carvalho afirma que

> a democracia é concebida sobretudo como um regime político, pois, sendo o governo do povo, pelo povo e para o povo, que o exerce direta ou indiretamente, expressa um estilo de vida política e se converte numa filosofia de vida que se institucionaliza politicamente no Estado, como forma de convivência social. (CARVALHO, Kildare Gonçalves. *Direito constitucional*,

Teoria do Estado e da Constituição – Direito constitucional positivo, p. 126)

Para sua efetividade, a democracia necessita de participação. Para se sustentar como o governo do povo, pelo povo e para o povo, a democracia deve se desenvolver segundo os valores: maioria (compromisso entre o povo e os eleitos), igualdade (permanente garantia dos direitos a todos) e liberdade (autonomia para o cidadão participar da vida política e preservar os direitos individuais contra o poder político). Para se realizar como equilíbrio, a democracia deve conciliar os direitos da pessoa e os direitos da sociedade, a liberdade e a soberania.

c) Tipos de Democracia

De acordo com a maneira que o povo participa do poder político, a democracia pode ser direta, indireta ou semidireta.

c.1) Democracia direta

A República democrática direta é aquela feita por meio de assembleias populares, com a ausência de eleição, isto é, a comunidade se autogoverna. Os cidadãos se reúnem em assembleia para resolver os assuntos mais importantes do governo da cidade. Esse modelo institucional ateniense foi considerado pelos doutrinadores políticos como próprio dos Estados com exíguo território e reduzida população. Embora inviável, essa democracia é mencionada por Jean-Jacques Rousseau em sua obra O contrato social. Hoje, não existe um Estado que adote a República democrática direta.

Curiosamente, entretanto, na Suíça, especificamente no cantão de Glaris e nos quatro semicantões de Obwalden, Nidwalden, Appenzell-Rhodes Interiores e Appenzell-Rhodes Exteriores, a democracia direta sobrevive realizando a Landsgemeinde, que é a reunião dos cidadãos ativos dessas comunidades montanhesas, em praça pública, para eleger ou confirmar as suas autoridades, como o governador do cantão, os seus representantes no Legislativo e os juízes, e ainda para aceitar ou rejeitar suas leis ou para discutir os assuntos principais do Estado (cada unidade cantonal é um Estado-Membro da Federação).

c.2) Democracia indireta (ou representativa)

A República democrática indireta ou representativa é aquela em que o povo participa do governo por meio de seus representantes eleitos pelo voto direto ou indireto. É a denominada democracia possível. O povo se governa por meio de representantes eleitos, que recebem um mandato representativo para atuar na esfera política, decidindo em nome e no interesse do povo. Para se efetivar, a democracia representativa possui mecanismos próprios, tais como: sistema eleitoral, eleições e partidos políticos. Ela existe nas repúblicas e também nas monarquias limitadas.

c.3) Democracia semidireta

A República democrática semidireta é aquela que não existe continuamente. Ela acontece, eventualmente, nas democracias indiretas, sempre que o povo é chamado, por consulta ou por determinação legal, a tomar decisões diretas de governo. Com os institutos de democracia semidireta, o governo devolve ao povo o direito de opinar, resolver por si mesmo as grandes questões da vida nacional. São eles: o plebiscito, o referendo, a iniciativa popular, o veto popular e o *recall*, estes dois últimos inexistentes no Brasil, que admite os demais institutos.

c.3.1) Plebiscito

O plebiscito é a consulta feita ao povo *a priori*, isto é, antes que determinada medida seja tomada pelo órgão próprio de governo. Ex.: a questão do divórcio na Itália, onde o povo primeiro decidiu acerca de sua conveniência ou não, e em seguida o Poder Legislativo elaborou a respectiva lei. Frise-se que o plebiscito é decisão, e a sua conclusão não pode ser desacatada pelo legislador.

c.3.2) Referendum

O *referendum* é uma consulta feita ao povo *a posteriori*, isto é, depois que determinada legislação já foi elaborada pelo órgão próprio de governo. A lei somente se torna obrigatória após aprovação popular. Ex.: a Constituição espanhola de 1978, sobre cuja entrada em vigor o povo se pronunciou. Se houvesse resposta negativa, ela não entraria em vigor.

c.3.3) Iniciativa Popular

A iniciativa popular não é exatamente uma consulta. É, na verdade, uma prerrogativa dada ao povo, pela Constituição, de apresentar, através de abaixo-assinado, um projeto de lei ao órgão próprio de governo. Assim, se um número de eleitores se manifesta pela necessidade de uma certa lei, o Legislativo fica juridicamente obrigado a discuti-la e votá-la. A Constituição do Brasil adota esse instituto no art. 14, inciso III, e art. 61, § 2º.

c.3.4) Veto Popular

É a capacidade dada ao povo, pela Constituição, de vetar, por meio de abaixo-assinado, uma lei já elaborada pelo órgão competente. Será "direto", quando o povo, no prazo dado, rejeitar a lei. Será "indireto", quando o povo, no prazo dado, requer que seja feito um *referendum* e o responder negativamente.

c.3.5) Recall

O recall é uma prerrogativa política pelo qual o cidadão pode revogar o mandato outorgado a representantes eleitos, usado nos Estados Unidos e no Japão. Trata-se de uma "rechamada", isto é, o povo reaprecia o mandato de representante eleito, podendo destituí-lo.

LEITURAS COMPLEMENTARES

Leitura 1:
PLEBISCITO E REFERENDO

"Todo o poder emana do povo, que o exerce por meio de representantes eleitos ou diretamente, nos termos desta constituição."

As duas formas de governo existentes no mundo de hoje são a Monarquia e a República. Ambas podem e devem conviver perfeitamente com a democracia. Essa, por sua vez, didaticamente, pode ser dividida em direta, indireta e semidireta. A democracia direta é impossível, pois seria um governo exercido por toda a coletividade em praça pública. A democracia indireta – participativa ou representativa – é a democracia possível e se manifesta por meio de representantes eleitos pelo povo, nas repúblicas e nas monarquias. Já a democracia semidireta é eventual, acontecendo nas democracias indiretas, sempre que o povo é chamado a tomar decisões diretas do governo.

O Brasil, como sabemos, é uma República democrática indireta, conforme bem expressa o parágrafo único do artigo 1º da Constituição, assim: "Todo o poder emana do povo, que o exerce por meio de representantes eleitos ou diretamente, nos termos desta Constituição". Já o artigo 14 da Constituição determina que a soberania popular será exercida pelo voto direto e secreto e, também, nos termos da lei, pelo plebiscito, pelo referendo ou pela iniciativa popular. Esses são três grandes institutos da democracia semidireta, que o Brasil adotou em 1988.

Nos últimos dias, tendo em vista o assunto "desarmamento", muito se tem lido e ouvido sobre os dois primeiros: o plebiscito e o referendo. Jornais, rádios, televisões, entrevistadores e entrevistados, e os próprios parlamentares têm misturado os dois institutos. Assim, oportuno se faz defini-los corretamente.

Não são sinônimos. A primeira prova disso, e bem prática, está na Constituição: por que o artigo 1º mencionaria os dois, o plebiscito e o referendo, se significassem a mesma coisa?

Ambos são consulta popular, sim. Ambos terão como resposta uma decisão popular, e não uma simples opinião, é verdade. Porém, o primeiro, o plebiscito, é uma consulta feita a priori, isto é, antes que uma legislação (lei complementar, lei ordinária ou mesmo uma emenda constitucional) seja elaborada.

Respondendo sim ou não à questão formulada (que deve ser clara e objetiva) o povo decidirá pela aceitação ou não de uma nova realidade, de uma nova ideia (proibição do comércio de armas de fogo, por exemplo). Aí, então o órgão próprio de governo, mormente o Legislativo, elaborará a norma própria, levando em conta, obrigatoriamente, a decisão popular. Já o referendo é uma consulta popular feita *a posteriori*, ou seja, depois de determinada legislação ter sido elaborada e aprovada pelo órgão legislativo. O texto pronto é submetido ao povo, que o aprovará ou não. A não aprovação valerá como um veto. No caso presente, o Estatuto do Desarmamento (Lei 10.826/03), em seu artigo 25, estabeleceu: "É proibida a comercialização de arma de fogo e munição em todo o território nacional, salvo para entidades previstas no artigo 6º desta lei". Porém, o § 1º do mesmo artigo condicionou a vigência do dispositivo à aprovação popular por referendo, a ser realizado em outubro de 2005.

Vê-se aí o acerto do termo referendo – para aprovação ou não de um texto, tal como está redigido, aprovado e sancionado (sob condição) no artigo do estatuto. A pergunta que se anuncia a ser feita na consulta de outubro próximo é: "O comércio de armas de fogo e munição deve ser proibido no Brasil?" Ora, se assim for, a consulta soa como plebiscito. Para ser um autêntico referendo, na consulta deveria ser transcrito o texto do artigo 35 do Estatuto do Desarmamento, que já é uma legislação pronta, com a simples pergunta pela aprovação ou rejeição do dispositivo (sim ou não). Não há que se falar em plebiscito nesta altura". (FIUZA, Ricardo A. Malheiros. *Estado de Minas*, 16 maio 2005)

Leitura 2:
LANDSGEMEINDE:
LEMBRANÇA SUÍÇA DA DEMOCRACIA DIRETA

Há 715 anos atrás, tendo como cenário de fundo os picos eternamente nevados dos Alpes centrais, refletidos nas águas azuis do Lago dos Quatro Cantões (Vierwaldstatteensee), os homens do vale de Uri, a gente de Schwyz e a comunidade do vale inferior de Unterwalden firmavam, "em nome de Nosso Senhor" um pacto perpétuo de defesa mútua e não agressão. Assim, no início do mês de agosto do ano de 1291, nascia a Confederação Suíça.

Daquele ano até 1815, através de guerras, revoluções, reformas e contra-reformas, outros pactos e novos tratados, formou-se, qual colcha de retalhos, o território dos helvécios, tendo, a oeste, os Montes Juras e, a leste, o impressionante Maciço Alpino. Entre eles, numa das paisagens mais belas do mundo, a Mittelland, fértil planície, limitada, ao norte, pelo Lago Constança e, ao sul, pelo Lago Leman.

Hoje, com seus 19 cantões e 6 semicantões, organizados sob uma Constituição Federal, datada originariamente de 1848, a Nação Suíça, modelo de civilização e cultura, apresenta-se aos mestres e estudiosos do Direito constitucional e da Teoria do Estado como um vasto e incomparável campo de pesquisas.

A LANDSGEMEINDE

Mas, sem dúvida, entre o elenco das instituições suíças, características e *sui generis*, nenhuma é tão interessante como a Landsgemeinde, que, segundo Peter Durrenmatt, em excelente artigo publicado no número de julho de 1977 da *Gazette*, revista mensal da Swissair, não é apenas um "folclore" político e, sim, a última manifestação viva e autêntica, no mundo, da democracia direta.

No cantão de Glarus e nos semicantões de Obwalden, Nidwalden, Appenzell-Rhodes Interiores e Appenzel-Rhodes Exteriores, no fim de abril e no começo de maio, quando a primavera distribui cores na paisagem alpina, realiza-se solenemente a Landsgemeinde. Os cidadãos ativos dessas comunidades montanhesas, ou melhor, os que têm direito a voto, reúnem-se, ao ar livre, numa praça circular, denominada *Ring*, para eleger ou confirmar as suas autoridades, como o Landammann (governador do cantão), os outros membros da máquina burocrática, os seus representantes no Legislativo e os juízes, e ainda para aceitar ou rejeitar nova legislação ou para discutir os assuntos principais do estado (cada unidade cantonal é considerada como um estado-membro da Confederação). Até mesmo em questões de revisão da Constituição Federal, a Landsgemeinde pode opinar, conforme os ensina Ed. Von Waldkirch, professor da Universidade de Berna, em seu "resumo histórico" da Constituição Suíça. Jean-Jacques Rousseau, citado por Marcello Caetano, considerava a Landsgemeinde como forma perfeita do exercício da Soberania popular.

A Landsgemeinde é mais velha que a própria Confederação, pois, de acordo com Hans Tschani, em seu *Profil de la Suissse*, os homens que concluíram, em 1291, a Aliança Perpétua, certamente ratificaram o seu pacto, cada grupo em seu vale de origem, por uma dessas assembleias populares. As pesquisas históricas nos levam a dois elementos fundamentais para existência da Landsgemeinde: o "Thing", assembleia judiciária do antigo direito germânico, e o "Allmend", pedaço de solo que pertencia à comunidade e no qual se discutiam os problemas comuns ao grupo.

A TRADIÇÃO

Não há regulamentos escritos para as Landsgemeinden. A tradição, consubstanciada em antigos usos do direito costumeiro, dirige o espetáculo.

Nos *meetings* dos semicantões de Appenzell, por exemplo, os homens que entram no *ring* (cerca de 10.000 cidadãos) portando velhas espadas herdadas de seus antepassados, símbolo de sua liberdade, pois só os homens livres podiam usar armas, o que faz com que mesmo hoje , as mulheres dessas comunidades não possam participar da assembleia. Já em Glarus, desde o início da década de 70, quando às mulheres foi dado o direito de voto no plano federal, o *ring* está aberto a ambos os sexos.

E, aí, o uso da espada simbólica ficou restrito ao "andammann", que conduz e dirige a reunião. Georg Thurer, professor de St. Gallen, comenta que, em futuro não muito remoto, poder-se-á ver uma "Madame Landammann" segurando em suas doces mãos a grande espada dos juramentos...

O PROCESSO

O processo da Landsgemeinde divide-se em duas partes: o desfile de abertura e as deliberações do *ring*.

As autoridades cantonais tomam parte na "procissão" inicial, acompanhadas por destacamentos militares. Em Appenzell, o encontro é aberto com o canto solene de sua "Ode a Dieu":

> *Près de moi je sens Ta main.*
> *Tu me gardes dans mes luttes,*
> *Me rélèves quand je bute,*
> *Tu me montres le chemin.*[1]

O procedimento na assembleia difere de cantão para cantão. Em Glarus, por exemplo, há discussão antes dos votos. Nos dois Appenzell, por sua vez, não há discussões, somente a votação. Em Obwalden e Nidwalden (semicantões em que se dividiu o primitivo vale de Unterwalden), só se procede à discussão dos assuntos, ficando a votação para duas semanas após, em sufrágio secreto, embora os membros do governo continuem a ser eleitos pelo tradicional levantar de mãos a céu aberto.

A SERIEDADE

É um engano pensar-se que, conservada em apenas cinco estados suíços, com um número de habitantes relativamente pequeno, a Landsgemeinde seja própria de populações menos adiantadas. O Cantão de Glarus, para citar um deles, é uma das regiões mais

---

1 Tradução do Autor: Perto de mim eu sinto tua mão / Tu me guardas nas minhas lutas / Tu me ergues quando eu caio / Tu me mostras o caminho.

industrializadas da Suíça, e foi ali que, em 1864, a Landsgemeinde votou a primeira lei de proteção ao trabalho em todo o continente europeu. O fato de que essas reuniões sejam realizadas com uma grande dose de cerimônia, atraindo turistas e visitantes de todo o mundo, pode também nos levar à conclusão errônea de que elas constituem um simples "festival" político.

Na verdade, apesar de substituída pelas urnas nos demais cantões suíços, a Landsgemeinde impressiona pelo ar de seriedade que dela emana. Em nossos dias, conforme muito bem diz Peter Durrenmatt, já citado, quando o Estado é ameaçado pelo anonimato (mesmo numa república federal como a Suíça, com suas formas de democracia semidireta), já que ele é visível ao cidadão somente através de formulários, balcões e guichês, é muito importante que, uma vez por ano, ele se apresente vivo, na procissão das autoridades e na cerimônia do *ring* e que o indivíduo, tornado soberano, possa expressar sua opinião e eleger seus líderes, levantando a mão entre seus iguais. Na Landsgemeinde, os que enchem o *ring* não são a massa e, sim, um povo. (FIUZA, Ricardo A. Malheiros. *Estado de Minas*, Caderno Opinião, 24 jan. 2006)

Leitura 3:
PREFIRO O SISTEMA SEMIPRESIDENCIALISTA

Deixando as monarquias de lado (por mais importantes que elas ainda sejam no mundo jurídico-político), vamos tratar aqui das Repúblicas, focalizando os três "sistemas de governo" nelas adotados: presidencialismo, parlamentarismo e semipresidencialismo.

O "Presidencialismo" caracteriza-se pela separação de funções (legislativa, executiva e judiciária); por um executivo unipessoal; pela independência rigorosa entre o Legislativo e o Executivo, com uma interdependência por coordenação, marcada pelo "sistema de freios e contrapesos", evidente na elaboração das leis (Congresso), o veto (Presidente) e o controle de constitucionalidade (Judiciário); e pela eleição direta ou indireta do Presidente. E, sendo indireta (como nos EUA), nunca pelo Parlamento e, sim, por um colégio eleitoral especial. No Presidencialismo, encontramos, pois, "dois" importantes órgãos políticos: o Presidente e o Congresso.

O "Parlamentarismo" também se caracteriza pela separação montesquiana de funções, mas com um Executivo dualista (Presidente-Chefe de Estado e 1º Ministro-Chefe de Governo);

pela interdependência flagrante e aberta (e não independência) entre o Executivo e o Legislativo, já que é do Parlamento que sai o 1º Ministro; pela demasiada importância política do Legislativo, que, além de legislar, é capaz de formar e derrubar o Governo. Distingue-se, ainda, o Parlamentarismo pela eleição "indireta" do Presidente pelos próprios parlamentares. No Parlamentarismo republicano temos "dois" importantes órgãos políticos: o 1º Ministro e o Parlamento.

O "Semipresidencialismo" é o sistema de governo mais novo na história política. Devido a insucessos do parlamentarismo puro na Europa, a França, em 1958, criou uma nova estrutura de governo, que foi chamada de parlamentarismo imperfeito ou misto. Portugal, em 1976, adotou tal sistema, com a denominação mais correta de "Semipresidencialismo". Caracteriza-se também pela separação de funções entre os três ramos do Poder; por um Executivo dualista (Presidente e 1º Ministro); pela independência entre o Presidente (Chefe do Estado) e o Legislativo; pela interdependência entre o 1º Ministro (Chefe de Governo) e o Parlamento; pela eleição "direta" do Presidente da República, ao qual a Constituição reserva atribuições bem menores do que aos presidentes do Presidencialismo, mas muito maiores do que as do Parlamentarismo. No Semipresidencialismo, temos, pois, "três" importantes órgãos políticos: o 1º Ministro, o Parlamento e o Presidente.

* * *

Pensando no Brasil atual, logo se vê que nenhum destes dois sistemas, o presidencialismo ou o parlamentarismo, parece ser o ideal. O presidencialismo brasileiro, verdadeira república "coroada", tem sido responsável por diversas crises em nosso país. Por outro lado, com esses partidos plúrimos e mal-definidos (e sem fidelidade partidária!), que temos, seria temerário passar-se para um parlamentarismo puro. Assim, se quisermos abandonar o presidencialismo (que anda em desuso no mundo politicamente civilizado, com exceção dos EUA, onde foi criado e também já vem sendo contestado), deveríamos adotar o semipresidencialismo, à maneira portuguesa, com o poder executivo bem distribuído entre a figura do Presidente-Chefe de Estado (eleito diretamente pelo povo em maioria absoluta) e o 1º Ministro-Chefe de Governo (responsável perante o Parlamento). Contando com o respaldo popular, o Presidente aí exerce um salutar "poder moderador" e não só a chefia representativa do Estado. O mestre lusitano Jorge Miranda, ao defender o semipresidencialismo, explica que é até "saudável que o Chefe de Estado seja de uma corrente, apoiado no povo, e que o 1º Ministro, de outra, apoiado no Parlamento. Assim, eles se fiscalizam diuturnamente..." Mas, para termos esse sistema de governo, somente com uma nova Constituição, eis que a "república presidencialista" tornou-se cláusula pétrea pelo plebiscito de 1993. (FIUZA, Ricardo A. Malheiros. *O Tempo*. 21. mar. 2006)

Leitura 4:
NÃO VOU FALAR DE IMPEACHMENT!

É. Não vou falar de *impeachment*. Já se escreveu muito sobre esse assunto, com opiniões jurídicas e políticas divergentes. Ele está lá, claramente previsto na "Constituição Cidadã" (Arts. 85 e 86). Trata-se de um instituto de natureza político-jurídica das democracias indiretas ou representativas. Não é golpe!

O jurista e magistrado Kildare Gonçalves Carvalho, em seu *best-seller* "Direito Constitucional" (BH, Del Rey, 2015) explica minuciosamente os motivos que podem levar ao *impeachment* do Presidente (ou da Presidenta...) da República e o seu complexo procedimento, envolvendo os órgãos do **Poder**, em sistema de "freios e contrapesos".

Porém, como prometi no título deste texto, não vou falar mais de *impeachment*, termo que não tem tradução perfeita na língua portuguesa.

* * *

Quero escrever aqui sucintamente sobre o *recall*, instituto da democracia semidireta que o Brasil **não** adota (mas até que poderia vir a adotar...).

Quando se fala em *recall* (palavra que também não possui tradução perfeita no português), pensa-se logo na indústria automobilística que está sempre *recalling* (convocando) os compradores para correções em seus veículos recém-adquiridos!

Não. Como já adiantei, trata-se de algo muito interessante ligado ao Direito Constitucional. O *recall* é, juntamente com o plebiscito, o referendo, a iniciativa popular e o voto popular, um instrumento da democracia semidireta.

A democracia semidireta não existe continuamente como sistema de governo. Ela acontece *eventualmente* nas democracias *indiretas*, sempre que, de acordo com norma Constitucional, o *povo* (verdadeiro titular do Poder Estatal) é chamado a tomar *decisões* diretas de governo. Lembre-se que *povo*, no Direito Público, é, tecnicamente, o conjunto de *cidadãos*, isto é, dos indivíduos que podem votar e ser votados.

A nossa Constituição, como sabemos, adota o plebiscito, o referendo e a iniciativa popular. Não adota o veto popular nem o *recall*, como instrumentos jurídico-políticos. E o que é o *recall*? É a convocação do povo para confirmar ou não, por nova *votação eleitoral*, o ocupante de cargo político, seja no Executivo, no Legislativo e, até mesmo, em certos casos, no Judiciário.

Nasceu na Grã-Bretanha e é adotado em vários Estados, a começar pelos Estados Unidos da América do Norte. No Reino Unido, é óbvio, não se aplica ao Monarca (que é vitalício e hereditário e não eleito). Nos Estados Unidos, não é usado para o cargo de Presidente da República. E por que o *recall* não é aplicado ao *U.S. President*? Porque lá, o Chefe do Executivo é eleito *indiretamente* por um Colégio Eleitoral (os "grandes eleitores") e não diretamente pelo *povo* (conjunto de cidadãos), conforme o Artigo II da Constituição.

Essa "reconvocação eleitoral" é adotada em muitos Estados da Federação Americana, principal e mais frequentemente, nos municípios daquele grande país, como realça o insuperável Paulo Bonavides em seu "Ciência Política" (Forense, Rio de Janeiro, 1988). No campo federal não há a mesma aceitação.

"De fato, não há mecanismo na Constituição americana para a deposição do Presidente da República inoperante ou eticamente reprovado, a não ser o *impeachment*, que é limitado aos casos de *high crimes and misdemeanour* e não simplesmente pelos desejos dos eleitores", conforme explica o analista político Tom Murse, em seu excelente artigo *"Recalling the President is impossible. But impeachment isn't"*.

* * *

Já no Brasil, o *recall* poderia ser adotado pela Lei Maior, pois, aqui, o Presidente (ou Presidenta...) é eleito diretamente pelo **povo**, que, então, teria a capacidade de convocar *uma nova eleição* para o mesmo ocupante do cargo.

Os índices de *reprovação* do desempenho do governo brasileiro atual, incluindo aí uma indesculpável omissão (70% ou mais! negativos) mostrariam a necessidade e a importância do *recall* em terras brasileiras, onde se adota um presidencialismo exagerado!

Mas isso teria sido e poderá ser trabalho para o Poder Constituinte Originário.

6º Capítulo
PODER DO ESTADO

1. INTRODUÇÃO

O poder, em sua etimologia, designa força, autoridade, comando. Como força, o poder é abstrato e, para se manifestar, está intimamente ligado ao elemento humano e suas relações.

Na vida social, as pessoas se unem e se organizam a fim de realizar um objetivo comum, para tanto necessitam de uma autoridade que direcione e coordene as vontades e as atividades individuais, estabelecendo procedimentos, rotinas e também sanções. Assim, um grupo social para alcançar um interesse comum constitui um poder superior, uma autoridade, capaz de fixar regras e determinar as relações com outros grupos ou entre os seus próprios membros. Esse poder social é naturalmente particularista, restrito aos interesses do grupo. É como ocorre na família, na igreja, nas associações econômicas, esportivas, artísticas etc.

Sendo o Estado uma sociedade política, não pode existir sem o poder, o qual se estende às pessoas e aos grupos sociais que se acham em seu âmbito. Assim, o poder do Estado possui características próprias que o distinguem de outros poderes.

2. CARACTERÍSTICAS DO PODER DO ESTADO

O poder como elemento constitutivo formal, é originário do elemento humano, capaz de organizar política e juridicamente o Estado, tendo por finalidade prática possibilitar a convivência harmônica das pessoas e dos grupos sociais, ou seja, alcançar o bem-estar de toda a coletividade.

a) Esse poder do Estado, como força capaz de possibilitar a convivência humana, aparece como dominação e aceitação.

A dominação, segundo Jellinek, é aspecto peculiar e diferenciador do poder do Estado. Para ele há duas espécies de poder: o poder não dominante e o poder dominante.

A característica principal do poder não dominante é que, embora possa criar comandos para os membros do grupo, não dispõe de força para obrigar por seus próprios meios à execução de suas ordens. Verifica-se nas sociedades sem poder dominante. Os meios de que dispõe para aplicar a sanção (coação) são de natureza disciplinar. O seu poder é disciplinar e não de dominação.

O poder dominante, ao contrário, é irresistível e originário. Dominar significa comandar de modo incondicional e poder exercer a coação para a execução dos comandos dados. O poder do Estado é irresistível, porque de qualquer outro poder o submetido pode subtrair-se, mas do poder dominante, não. Esse poder é originário, pois o Estado Moderno dispõe, por meio de suas leis, em seu território, de todo o poder de dominação.

Nesse aspecto, o Estado possui o monopólio da força para tornar efetiva a ordem jurídica que rege as relações do cidadão, do próprio Estado e entre o cidadão e o Estado.

Em relação à aceitação, Reinhold Zippelius afirma que "todo o domínio exercido sobre Homens tem o seu correlativo último na obediência, justificante de uma ou outra maneira: *oboedientia facit imperantem.*" (ZIPPELIUS, Reinhold. *Teoria geral do Estado*, p. 70)

Conforme Kildare Gonçalves Carvalho,

> a força que constitui o núcleo do poder deve ser acatada e consentida: daí o conceito de autoridade, que é a força acrescida do consentimento, o qual ampliará naturalmente a legitimidade do poder e concorrerá para a estabilidade das instituições estatais. (CARVALHO, Kildare Gonçalves. *Direito constitucional, Teoria do Estado e da Constituição* – direito constitucional positivo, p. 57)

A subordinação é um aspecto inerente à dominação estatal. Os indivíduos e os grupos sociais acatam as regras gerais de conduta, validando o poder do Estado, a fim de que seja possível a convivência próxima e harmoniosa em sociedade.

Sob o ângulo da fundamentação, não se pode negar que para muitos a obediência está assente na ameaça de sanção contida na ordem jurídica estatal. Todavia, o poder de dominação estatal se mantém, em boa parte, pela obediência voluntária, por um interesse de se manter a ordem, a paz e a segurança.

b) O poder do Estado, como força capaz de organizar o Estado, apresenta-se como poder político e poder jurídico.

O poder político, na lição de Marcello Caetano, "é uma autoridade de domínio, isto é, que impõe obediência a quantos pertençam à sociedade política, constrangendo-os à observância das normas jurídicas e quebrando as resistências eventuais". (CAETANO, Marcello. *Direito constitucional*, Direito comparado, teoria geral do Estado, p. 23)

O poder não existe sem o Direito. A organização do poder é jurídica.[1]

Miguel Reale expõe que o poder nunca deixa de ser substancialmente político, para ser simplesmente jurídico. Segundo a sua doutrina, o poder é jurídico

> relativamente a uma graduação de juridicidade, que vai de um mínimo, que é representado pela força ordenadamente exercida como meio de certos fins, até um máximo, que é a força empregada exclusivamente como meio de realização do Direito e segundo normas de Direito. (REALE, Miguel. *Teoria do direito e do Estado*, p. 118)

O poder do Estado manifesta-se, portanto, como poder político e poder jurídico. Aquele é a força realizadora que integra e possibilita a convivência social; este é a força formuladora por excelência do Direito Positivo, que assegura a ordem para a convivência social.

---

[1] O poder político não se confunde com o governo, expressão com muitos significados, que traduz direção; administração; Poder Executivo; sistema ou modo pelo qual se rege o Estado; complexo de órgãos responsáveis pela administração pública, por meio do exercício dos poderes delegados pelo povo.

3. SOBERANIA – ASPECTOS GERAIS

É comum encontrar nas obras de Teoria do Estado e de Direito Constitucional a expressão soberania com significado de poder do Estado. Porém, soberania e poder do Estado não são a mesma coisa. Somente na época moderna surge a acepção técnica de soberania no sentido de supremacia e independência.

Na antiguidade clássica não se encontra uma ideia que se assemelhe à soberania. Em Atenas e em Roma não havia oposição do poder do Estado a outros poderes, não se reconhecia outro Estado em igualdade consigo.

Na Idade Média não existia uma supremacia inconteste de uma pessoa ou de uma organização. Havia uma multiplicidade de ordenações que reclamavam independência: o Papa, o Sacro Império Romano-Germânico, os reis, a nobreza feudal, as cidades e as corporações de arte e de ofício. Não se reconhecia reciprocamente nenhuma soberania.

No século XIII, o monarca começa a ampliar a esfera de sua competência e o conceito de soberano, de início relativo, passa a absoluto. A afirmação da soberania dos reis revela a sua superioridade em relação aos senhores feudais e a outros poderes menores, bem como afirma a independência dos reis em relação ao Imperador e ao Papa. No final da Idade Média os monarcas têm supremacia e sua vontade não sofre limitações.

No campo teórico, o francês Jean Bodin, no seu tratado *Les six livres de la République*, expôs a doutrina da soberania, caracterizada como o poder absoluto e perpétuo. Esclarece Bodin que a soberania não é limitada, nem em poder, nem em responsabilidade, nem em tempo. Afirma que não se pode chamar de "príncipe soberano" aquele que ostenta um poder por tempo limitado, pois somente seria depositário ou guarda do poder. Esta teoria justificava o novo poder que se firmava: o poder absoluto e incontrastável dos monarcas independentes. (BODIN, J. *Los seis libros de la republica*, Aguilar ediciones, 1973, Madrid, p. 46-65).

No Estado moderno (séculos XV-XVIII) emerge a soberania sob os aspectos de supremacia interna do Estado, que não está limitado a nenhum outro poder, e de supremacia externa, ou seja, a independência do Estado em relação aos outros Estados.

Miguel Reale vê a soberania "como forma específica, histórico-cultural do fenômeno genérico do poder, como qualidade necessária, inseparável do poder no Estado Moderno." (REALE, Miguel. Teoria do direito e do Estado, p. 193)

Podemos dizer que a soberania pressupõe, em um dado momento histórico, a integração de indivíduos livres com força e vontade de se constituírem e se organizarem em Estado, elaborando as suas leis e decidindo segundo as suas conveniências e interesses.

A soberania é atributo do poder estatal, significando que o Estado, no plano interno, tem superioridade sobre as demais organizações, e no plano externo, tem independência em relação aos demais Estados, assinala na sociedade internacional a coexistência de Estados soberanos.

a) Quanto às características da soberania, grande parte dos autores a reconhece una, indivisível, inalienável e imprescritível.

Ela é una porque não pode haver mais de um poder superior em um mesmo território. Indivisível porque, além das razões que determinam a sua unidade, o poder soberano não se divide, o que se distribui são as suas funções. Inalienável porque aquele que a detém (o corpo social) desapareceria caso a transferisse. Imprescritível porque não possui prazo certo de duração.

b) A justificação da soberania pode ser apresentada por dois grupos de teorias: teocráticas e democráticas.

b.1) As teorias teocráticas predominaram no fim da Idade Média, quando se inicia o conceito de soberania, e no período absolutista do Estado Moderno. Estas teorias sustentam que o poder soberano vem de Deus e se concentra no monarca a titularidade da soberania (direito divino sobrenatural e providencial).

b.2) As teorias democráticas consideram que a soberania se origina do povo. Essas teorias apresentam três fases. Na primeira, o próprio povo é titular da soberania, o poder provém da vontade popular (soberania popular). Na segunda fase, por influência da Revolução Francesa, a titularidade da soberania é originária da nação, que é o povo concebido como um todo formado historicamente (soberania nacional). Na terceira, formulada na segunda metade do século XIX, na Alemanha, o titular da soberania é o Estado, que possui personalidade jurídica, atributo que falta ao povo. Essa teoria da soberania do Estado serviu de justificativa aos Estados Totalitários do pós-guerra, e por ela não há limitação ao poder do Estado.

A moderna teoria institucionalista admite que a soberania é originária da nação (quanto à fonte do poder), mas, juridicamente do Estado (quanto ao seu exercício). Em tais circunstâncias, a limitação da soberania se faz presente pelos princípios do Direito Natural, pelas regras de convivência social e pelo Direito Internacional.

Por último, frise-se que nem sempre os Estados são soberanos. Há casos que embora constituído o Estado, o exercício do poder está condicionado a um poder superior: é o que se passa com os Estados federados, que se submetem à Federação, e os Estados protegidos, ligados por contingências a Estados soberanos, como, por exemplo, Porto Rico em relação aos EUA.

LEITURAS COMPLEMENTARES

Leitura 1:
DO PODER PESSOAL E DO PODER INSTITUCIONAL
(E DE UM HOMEM PÚBLICO QUE SOUBE DISTINGUI-LOS)

O 6º Ponto do programa de Direito Constitucional I (Teoria Geral do Estado), que ministro na Faculdade de Direito "Milton Campos", intitula-se *O Poder do Estado*.

Ao iniciá-lo, chamo a atenção dos alunos de que o "Poder", elemento constitutivo formal do Estado, é o mais complexo e difícil de todos os assuntos relacionados com esta "ordem jurídico-política suprema" em que vivemos.

E cito sempre o pensamento de Burdeau, segundo o qual, "na organização política das sociedades, o fenômeno principal não é o Estado, é o Poder".

Explico-lhes que a ênfase dada – pelo célebre autor do *Droit constitutionnel et institutions politiques* e do *Traité de science politique* – ao Poder significa que, se o estudioso da Teoria Geral do Estado dedicar-se a fundo a esse elemento e conseguir entendê-lo, terá compreendido o próprio Estado.

Com base no grande publicista francês, sabemos que o "Poder" tem duas etapas: uma "pré-estatal" e outra "propriamente estatal". Na fase pré-estatal, apresenta-se como um "poder anônimo" ou como um "poder individualizado".

O "poder anônimo" é característico das sociedades tipicamente primitivas, nas quais os indivíduos atuam obedecendo a um conjunto de crenças, superstições ou costumes, "sem que seja necessária a intervenção da autoridade pessoal do chefe ou governante".

O "poder individualizado" caracteriza-se por sua identificação com quem o exerce. Neste tipo, "perigoso" como se vê de pronto, não se faz uma distinção entre Poder e os agentes que o exercem. O "chefe" não é um governante que exerce Poder, "ele é o Poder".

Por fim, surge a etapa estatal, quando o Poder se "institucionaliza", ou, no dizer de José Korseniak, professor uruguaio, *quando el poder se objetiva, quando se le concibe como algo separado de la persona que lo ejerce. Ello requiere que el poder se apoye en algo distinto de los individuos que mandan o lo ejercen y ese algo es precisamente el Estado.*

Com o surgimento do Estado Moderno, entendido como a "institucionalização do Poder", aparece um necessário desdobramento entre o "titular do Poder", que é o Estado (tendo como fonte deste poder o povo) e os *agentes* do exercício desse Poder, que são os governantes. Acrescenta-se: os governantes que, legitimamente, exercerão o Poder por delegação popular ou por investidura legal.

Para melhor entendimento dos alunos, explico ainda que o Poder, na Sociedade e no Estado, nos dias de hoje e para sempre, apresenta-se como "poder pessoal e poder institucional".

O "poder pessoal" é aquele inerente à pessoa; é a capacidade de opção individual, que é própria do ser humano, dotado de razão. É aquela soberania individual, inalienável, de que nos fala Rousseau, e que somada à soberania dos demais indivíduos de um grupo, virá a se transformar na "soberania coletiva ou soberania nacional", capaz de se constituir, através de um *contrato social*, em um "Estado".

O "poder pessoal", a meu ver, continuará sempre a existir no indivíduo, em âmbito já agora "extra-estatal".

Constituído o Estado, surge o "poder institucional", entendido como o poder que a própria pessoa tem, porém não mais por inerência física ou mental, e sim, em virtude do cargo ou posição que ocupa na "instituição" chamada Estado.

É aquele poder que permite ao juiz, ser humano como os demais, possa julgar, num determinado ordenamento político-jurídico e dentro de sua jurisdição, o seu próprio semelhante, absolvendo-o ou condenando-o, adjudicando-lhe bens ou dele os tirando.

Ou é aquela força que faz com que um humilde porteiro de clube ou edifício possa barrar uma alta autoridade que – embora dotada de grande poder institucional em sua área de atuação – ali não se enquadre no regulamento específico.

Só o entendimento do "poder institucional" explica o fato louvável de um ocupante de elevada posição social ou estatal (consciente das coisas públicas) compreender a exigência de exibir um documento, quando instado a fazê-lo por um simples guarda de trânsito, no exercício pleno e legítimo de sua profissão.

O "poder institucional", e só ele, explica o fato de um professor reprovar (ou aprovar) o filho de seu amigo "pessoal", tanto quanto aprova (ou reprova) o aluno que lhe é "pessoalmente" antipático.

O "poder institucional", e não o pessoal, explica e faz entender que um sargento comande o recruta hoje e que venha a ser comandado amanhã, na qualidade de oficial. As pessoas são as mesmas, mas a sua posição institucional inverteu-se.

Daí por que o grande Kelsen adverte com toda propriedade que "o verdadeiro sentido de 'Poder' ou 'dominação estatal' não é o de que um homem está submetido a outro, mas sim o de que todos os homens (governantes e governados) estão subordinados às normas".

Infelizmente, o que se vê na prática, com certa, lamentável e crescente frequência, é a confusão dos dois conceitos por quem não deveria fazê-lo.

A fim de ilustrar particularmente o ponto, costumo citar para os alunos o exemplo edificante de um modesto e grande homem público que vim a conhecer através dos relatos de meu sogro e dos escritos de minha sogra. Refiro-me a Joaquim Cândido Neves, o "Capitão Neves", que foi presidente da Câmara Municipal de Boa Esperança, no Sul de Minas, por mais de trinta anos consecutivos, na Velha República.

Naquele tempo, o presidente da Câmara era o administrador do município, era o prefeito de hoje. O Capitão Neves, como descreveu Sílvia Marinha, em *A Vanguarda*, de 15.10.1969, fez "administração pura, porque honrada e proveitosa e progressista e grande e patriótica e útil à terra e ao povo".

O Capitão Neves construiu estradas, dotou a pequenina cidade de então de serviço de água tratada, luz elétrica, telefone e telégrafo, fundou o primeiro grupo escolar.

Joaquim Cândido Neves, embora de poucas letras, soube distinguir com profundidade e zelo, o "poder pessoal", que ele tinha de nascença, do "poder institucional", adquirido pela escolha de seu povo e para o exercício da função pública.

Na sala de sua casa, havia duas escrivaninhas, equipadas com papel, pena e tinta: uma era a escrivaninha da "Câmara" e a outra era a "sua". Quando alguém lhe batia à porta, ele perguntava, antes de mandar a pessoa se assentar, que assunto iria se tratar.

Se a questão fosse com o cidadão-fazendeiro Joaquim Cândido, a sua mesa "particular" era indicada. Ali, o papel era seu, a pena era sua, a tinta era sua, o "negócio" era seu, com toda disponibilidade sua, "pessoal".

Se a matéria fosse com o "presidente da Câmara", o Capitão Neves, solenemente, apontava a mesa "oficial", onde o papel era do povo, a pena era do povo, a tinta era do povo, e a "decisão" era do administrador público, "indisponível, institucional".

É pena que muitos homens de governo não conheçam nem a teoria desta distinção e, o pior, que muitos a conheçam teoricamente e dela se "esqueçam" na prática.

É triste que tantos homens *públicos* sejam tão *particulares*... (FIUZA, Ricardo A. Malheiros. *Estado de Minas*, de 26 out. 1984)

Leitura 2:
A FORÇA DA OPINIÃO PÚBLICA

Conforme recente noticiário publicado no *Estado de Minas*, o vice-presidente Aureliano Chaves, respondendo ao presidente Figueiredo, disse: "Ninguém pode ignorar o clamor das ruas".

Nunca esteve tão certo o lúcido político mineiro. Talvez o povo brasileiro jamais tenha estado com o pensamento tão homogêneo em torno de um determinado assunto. A opinião pública demonstra-se magnificamente coesa na defesa das eleições presidenciais "*diretas*": pela nossa tradição constitucional, pela ilegitimidade do colégio eleitoral ou, simplesmente, pelo desejo veemente de mudança, já que com as indiretas, a triste certeza é de um continuísmo reprovável.

No entanto, apesar do movimento uníssono que se viu, se ouviu e se sentiu no país, nos últimos dias, uns poucos mandatários do povo (alguns pelo lamentável "não" e outros pela condenável ausência) não deixaram que a emenda das "diretas já" fosse aprovada.

No *day after*, em meio à frustração, surge um novo alento para o povo, um novo *slogan*: a negociação.

Espero que os "negociadores" e os atuais agentes do Poder, mesmo em "situações de emergência", não se esqueçam e não desconsiderem a opinião pública, que segundo o notável *Hermann Heller*, é uma força governante, constituindo "uma forma singular de relativização do Estado ao povo e da identificação do Poder do Estado com a vontade do povo".[2]

O professor alemão, conhecido por sua honradez intelectual e sua meticulosidade científica, tece comentários que todos os homens públicos deviam conhecer e ponderar.

Há trechos que parecem ter sido escritos para os momentos vividos hoje pelo Brasil.

Assim, ele afirma:

> A importância da opinião pública para a unidade estatal é tanto maior quanto mais precisa e compreensivamente se tenha condensado em juízos políticos firmes e amiúde discutidos. Esta opinião pública relativamente firme e permanente tem que se diferenciar da flutuante opinião política de cada dia.[3]

Por incrível que pareça, aqui em nosso país, a vontade nacional tem-se tornado, nos últimos anos, cada vez mais firme e coerente num só sentido, enquanto a própria legislação, inclusive constitucional, casuística e improvisada, é que tem flutuado em diversas direções, ao sabor das conveniências oportunistas. Veja-se, por exemplo, a questão do *quorum* para as emendas: no texto constitucional de 1967 (outorgado pelo Congresso Nacional e emendado em 1969 pela Junta Militar), exigia-se a maioria de dois terços; a emenda constitucional n.8 (editada pelo Presidente da República) alterou para a "maioria absoluta" dos membros do Congresso Nacional; e a Emenda Constitucional n. 22 (esta corretamente promulgada pelo Congresso) voltou a dois terços, em dois turnos de votação.

Outro exemplo: o próprio Colégio Eleitoral, criado pela Constituição de 1967 para a eleição presidencial, contraria todo o princípio geral inscrito no art. 148 da Carta Federal de que o sufrágio será universal e o voto secreto e direto. Regulamentado pela Lei Complementar n. 15 de 1973, o Colégio Eleitoral foi alterado posteriormente, em sua composição, pela Emenda Constitucional n. 22, de 1982, sem que se editasse outra regulamentação.

---

2   HELLER, Hermann. *Teoria do Estado.*
3   HELLER, Hermann. *Op. cit.* (Cap. A opinião pública como condição de unidade estatal).

E, finalmente, a incoerência ainda é maior: aquilo que, na verdade, foi introduzido no Brasil por atos institucionais (refiro-me ao sistema indireto de eleição presidencial) agora precisa de maioria qualificada para ser derrubado ...

Mas voltemos a Heller, que nos diz mais:

> A enorme importância política da opinião pública consiste no fato de, em virtude da sua aprovação ou desaprovação, garantir aquelas regras convencionais que são a base da conexão social e da unidade estatal.[4]

Isto quer dizer, salvo melhor juízo, que a opinião pública deve exercer antes de tudo uma função de legitimação da autoridade política e da ordem por ela garantida, fazendo com que, quando é considerada (e não ignorada ou olvidada), ela (a opinião pública) seja fonte originária da legislação positiva. Enfim, a opinião pública, quando firme e coerente (e é o nosso caso presente) contém princípios que o legislador deve traduzir em preceitos jurídicos positivos e que o juiz, dotado de bom senso, utilizará como regra interpretativa do direito positivo.

A opinião pública é a voz da "nação" e, segundo o clássico Abade *Sieyès*, "a nação pelo fato de ser é tudo o que pode ser [...] A nação está acima de tudo o mais, é a origem de tudo. A sua vontade é sempre legal, ela mesma é a lei".

Citando Bryce, Heller concorda com a afirmação de que

> a opinião pública está acima de todos, inclusive dos supremos condutores do Estado, 'como a grande fonte de poder, a senhora de seus servidores, que tremem diante dela'. O que se exige do homem de Estado não é que atue de acordo com os seus pontos de vista, precedendo ao povo, mas que o acompanhe.[5]

Descontando-se a ênfase de tal pensamento, pode-se entender que o homem público, como procurador do povo e não como seu tutor, deve estar em permanente sintonia com a opinião pública, que é a própria nação, segundo Renan, "o plebiscito de todos os dias". É preciso entender que, numa sociedade democrática (a não ser que se não a queira) a opinião pública unitária nunca pode ser produto da

---

4   HELLER, Hermann. *Op. cit.*
5   BRYCE apud HELLER, Hermann. *Op. cit.*

manipulação do poder estatal. Pelo contrário, é ela (a opinião pública) que deve legitimar e sustentar a organização da autoridade. Por outro lado, no momento em que se fala em negociação, é preciso lembrar que quando a opinião pública se mostra incapaz de manter a unidade estatal, em lugar de consenso democrático surge a coação autocrática.

Heller afirma ainda, escrevendo em 1934, que "a imprensa deve considerar-se como o mais influente porta-voz da opinião pública".[6]

Tal pensamento faz recordar o grande Jefferson em seus *Political Writings*, quando ele dizia:

> A base de nossos governos sendo a opinião do povo, o primeiro objetivo deve ser mantê-la exata: fosse deixado a mim decidir se deveriam ter um governo sem jornais ou jornais sem um governo, não hesitaria um momento em preferir este último. Mas insistiria em que todo homem recebesse esses jornais e os soubesse ler.

Heller e Jefferson nos fazem estranhar o que vem acontecendo nos últimos dias no Brasil. A imprensa, hoje escrita, falada e televisionada é, sem dúvida, simultaneamente porta-voz e veículo de informação do povo. Não se entende, pois, que ela seja limitada ou censurada, especialmente nas horas decisivas da nação. O que leva também a se reprovar a decretação de "medidas de emergência" justamente quando se discute e vota a revisão constitucional. Tais medidas instituem um sistema rígido de legalidade "especial" que substitui o regime de legalidade ordinária e só se justifica nos momentos de "anormalidade" social ou político-institucional.

Sob o pretexto de proteger o Poder do Estado (o Congresso não solicitou proteção ...), cerceou-se a voz da opinião pública e negou-se-lhe a informação devida.

Uma coisa é certa: o povo brasileiro já tem opinião. Não se pode concordar mais com as afirmações fáceis de que o povo brasileiro não é politizado, que não sabe votar, que precisa ser tutelado!

Assim pensando, e dirigindo-se este pensamento aos homens do governo, cite-se mais uma vez Heller:

> A opinião pública acarreta importância considerável

---

6   HELLER, Hermann. *Op. cit.*

como freio ou estímulo, advertência ou alento, para ação dos representantes do Estado.[7]

Finalmente, frise-se que, "não sendo um poder público mas, sim, uma força pública", como assinala *Bluntschli*, a existência de uma opinião pública, unitária tanto quanto possível, constitui uma das mais importantes condições para a formação da unidade estatal.[8] (FIUZA, Ricardo A. Malheiros. *Estado de Minas*, 12 maio 1984).

---

7 HELLER, Hermann. *Op. cit.*
8 Nota do autor – A força da opinião pública mostrou-se tão evidente no Brasil que, ao que tudo indica, será respeitada pelo colégio eleitoral no próximo dia 15.1.1985 (nota redigida em 8.1.1985). E o foi, com a eleição de Tancredo Neves.

7º Capítulo
PODER CONSTITUINTE

1. INTRODUÇÃO

Se é que, dentre os vários capítulos, exista algum mais importante do que os outros, pode-se dizê-lo em relação a este sétimo capítulo, que trata do Poder Constituinte. É este o momento mais dramático de uma nação. Fala-se a propósito de nação, porque é a nação, conforme visto, que é capaz de fazer nascer o Estado e, se preciso for, fazê-lo renascer, sendo a nação imprescindível para mantê-lo.

O Poder Constituinte é assim denominado por se tratar do poder que constitui os demais. A existência de um Poder Constituinte, fonte da Constituição e dos poderes constituídos, é teorização da época moderna.

No período revolucionário francês, Sieyès, em seu opúsculo *Qu'est-ce que le Tiers État?*, explicitou que só uma Assembleia Nacional, enquanto expressão representativa da própria nação, é uma assembleia constituinte. Para ele, a Constituição não é obra do poder constituído, mas do Poder Constituinte. Em sua teoria propõe uma distinção entre lei fundamental e leis fundadas. A primeira seria a Constituição, expressão do Direito Natural e fundamento legítimo da nação, competência de delegados constituintes. As segundas seriam o direito posto, competência dos delegados ordinários. (SIEYÈS, Emmanuel Joseph. *A constituinte burguesa – Qu'est-ce que le Tiers État?*)

Segundo Canotilho,

> os autores modernos salientam que, no fundo, a teoria do poder constituinte de Sieyès é, simultaneamente, desconstituinte e reconstituinte. O poder constituin-

te antes de ser constituinte é desconstituinte porque dirigido contra a 'forma monárquica' ou 'poder constituído pela monarquia'. Uma vez abolido o poder monárquico, impõe-se uma 'reorganização', um dar 'forma', uma reconstrução da ordem jurídico-política. (CANOTILHO, J.J. Gomes. *Direito constitucional e teoria da Constituição*, p. 73)

Na lição de Raul Machado Horta:

Historicamente, o poder constituinte originário representa a irrupção de fato anormal no funcionamento das instituições estatais. Esse aparecimento está associado a um processo mais violento, de natureza revolucionária, ou a uma decisão do alto, geralmente materializada no 'Golpe de Estado'. A revolução como fenômeno que subverte a estrutura estatal e social. O Golpe de Estado como transformação do ordenamento estatal por atividade inconstitucional de órgão próprio do Estado. (HORTA, Raul Machado. *Estudos de direito constitucional*, p. 24)

O Poder Constituinte originário, na sua versão clássica de origem francesa, está vinculado às manifestações revolucionárias, visando consagrar no texto constitucional novo as alterações mais profundas que a Revolução produziu na estrutura social e econômica e na relação de poder no Estado e na Nação. (HORTA, Raul Machado. *Estudos de direito constitucional*, p. 24)

A Revolução, como força instituidora, irrompe uma mudança profunda na estrutura estatal e social, com a perda de eficácia (ruptura) da Constituição em vigor. Todavia, a revolução não pode ser entendida como o êxito da força bruta, mas de um novo Direito, de uma transformação política e institucional.

2. NATUREZA DO PODER CONSTITUINTE

A questão da natureza do Poder Constituinte é a mesma do fundamento do Direito. Há os que consideram o Poder Constituinte mero poder de fato e aqueles que o concebem como um poder de direito.

Para quem entende que só o Direito Positivo (posto pelo Estado) é Direito, o Poder Constituinte é um poder de fato, pois se fundamenta em si mesmo, não se baseia em regra jurídica anterior. Para esses teóricos, o Poder Constituinte cria o Estado e este estabelece o Direito Positivo. Os positivistas não vêem o Poder Constituinte como tema jurídico, mas ligado à ciência social.

Para os que admitem haver um Direito Natural anterior ao Direito Positivo, tem-se que o Poder Constituinte é um poder de direito, baseado num poder natural do qual decorre a liberdade do homem para organizar a vida social.

3. DEFINIÇÃO DO PODER CONSTITUINTE

Segundo Sahid Maluf, "Poder Constituinte é uma função da soberania nacional. É o poder de constituir e reconstituir ou reformular a ordem jurídica estatal." (MALUF, Sahid. *Teoria geral do Estado*, p. 183).

Procedendo-se à análise dessa definição, que, como qualquer outra boa definição, não abrange palavras desnecessárias, tem-se que, na primeira parte, o autor localiza o poder constituinte como uma função da soberania nacional, que é a força, é o poder de uma nação, é a soma dos poderes individuais.

Em seguida, Sahid Maluf define verdadeiramente o Poder Constituinte, dizendo que "é o poder de" e que poderíamos dizer que "é a força de". Após, aparecem três verbos: "constituir", "reconstituir" e "reformular". Os dois primeiros verbos significam a mesma coisa: criar. Constituir é criar, é construir. Reconstituir é criar de novo. O terceiro verbo é diferente. Reformular é modificar o que já existe. Os três verbos estão ligados à "ordem jurídica estatal".

Diz-se, então, que os dois primeiros verbos (constituir e reconstituir) representam o Poder Constituinte Originário, enquanto o terceiro verbo (reformular) representa o Poder Constituinte Derivado.

O Poder Constituinte pode ser estudado sob três ângulos: Poder Constituinte Originário, Poder Constituinte Derivado e Poder Constituinte Decorrente.

A definição de Sahid Maluf foi para o Poder Constituinte em geral, todo, completo. A partir dela, pode-se dizer que o Poder Constituinte Originário é uma função da soberania nacional, é o poder de "constituir" e "reconstituir" a ordem jurídica estatal.

Aproveitando-se, ainda, a definição do autor paulista para o Poder Constituinte Derivado, tem-se que é uma função da soberania nacional, é o poder de "reformular" a ordem jurídica estatal.

4. PODER CONSTITUINTE ORIGINÁRIO

a) Definição

O Poder Constituinte Originário é aquele que elabora e promulga a primeira Constituição de um novo Estado ou uma nova Constituição para um Estado já historicamente existente.

Dessa acepção clássica, extrai-se que não basta ao Poder Constituinte Originário elaborar, mas é necessário que promulgue a Constituição. Elaborar é redigir até a fase final. Entretanto, o Poder Constituinte Originário tem mais força do que simplesmente elaborar e redigir a Constituição. Ele tem a força de elaborar e promulgar, colocar em vigor.

Elabora-se e promulga-se a primeira Constituição de um Estado (constituir) ou uma nova Constituição para um Estado historicamente existente (reconstituir).

São exemplos os Estados Unidos e o Brasil. No primeiro caso, os Estados Unidos têm apenas uma Constituição, a de 1787. Naquela época, exerceu-se o Poder Constituinte Originário, para elaborar e promulgar a primeira Constituição de um novo Estado. E, depois disso, o poder constituinte originário não mais se manifestou nos Estados Unidos. Portanto, não houve a necessidade de reconstituir.

No caso brasileiro, em 1824 manifestou-se o Poder Constituinte Originário, uma vez que, então, foi constituído o Brasil. Mas, depois dessa Constituição, seguiram-se outras: 1891, 1934, 1937, 1946, 1967 e 1988. Portanto, seis vezes depois de 1824, exerceu-se o Poder Constituinte Originário no Brasil e uma nova Constituição foi elaborada e promulgada para o Estado já existente historicamente (reconstituir).

b) Titularidade

A titularidade do Poder Constituinte Originário é do povo. A sua legitimidade advém de uma Assembleia Nacional Constituinte, que é o órgão por meio do qual o povo se manifesta legitimamente. A Assembleia Nacional Constituinte é o colegiado de representantes do povo, eleitos com função específica (não necessariamente exclusiva) de elaboração da Constituição.

Poder Constituinte significa, portanto, poder constituinte do povo. Como já mencionado, na lição de Canotilho, o povo nas democracias atuais,

> concebe-se como uma 'grandeza pluralística' (P.Häberle), ou seja, como uma pluralidade de forças culturais, sociais e políticas tais como partidos, grupos, igrejas, associações, personalidades, decisivamente influenciadoras da formação de 'opiniões', 'vontades', 'correntes' ou 'sensibilidades' políticas nos momentos preconstituintes e nos procedimentos constituintes. (CANOTILHO, J.J. Gomes. *Direito constitucional e teoria da Constituição*, p. 75)

Manoel Gonçalves Ferreira Filho registra que o titular do Poder Constituinte não se confunde com o seu agente.

> Este é o homem, ou o grupo de homens, que em nome do titular do Poder Constituinte estabelece a Constituição do Estado. A título de exemplo, tome-se o órgão coletivo, Assembleia Constituinte, que costuma ser o agente do poder constituinte do povo. (FERREIRA FILHO, Manoel Gonçalves. *Curso de direito constitucional*, p. 24)

É fato que nem todas as Constituições do Brasil (como no resto do mundo) foram elaboradas e promulgadas por uma Assembleia Nacional Constituinte. Existem aquelas que foram elaboradas pela Assembleia Constituinte, porém aprovadas por referendo ou por ratificação popular mediante convenções do povo. Isso não implica perda da titularidade, nem da legitimidade do Poder Constituinte Originário. Pelo contrário, no caso de uma consulta popular, a titularidade do povo é exercida duplamente.

Mas, existem Constituições que não foram elaboradas e promulgadas pela Assembleia Constituinte. Isso não significa que o povo tenha perdido a titularidade do poder constituinte originário. O que o povo perdeu, toda vez que não delegou legitimamente o seu poder, foi a condição de agente do Poder Constituinte Originário. Alguém usurpou o poder constituinte originário e o exerceu ilegitimamente. No Brasil, a nossa história constitucional registra as Cartas outorgadas de 1824, 1937 e 1967.

c) *Características*

O Poder Constituinte originário caracteriza-se por ser inicial, autônomo e incondicionado.

c.1) *Inicial*

Porque cria uma nova ordem jurídica estatal. Ele dá início a tudo, mesmo que não seja a primeira vez. O Direito Positivo de um Estado (posto pelo Estado) vale de acordo com a Constituição. Se uma nova Constituição aparece, o Direito Positivo do Estado começa de novo, aquilo que a nova Constituição não consagrar não é mais Direito Positivo daquele Estado. Isso significa que ele é inicial.

c.2) *Autônomo*

É a segunda característica e significa que o Poder Constituinte Originário não depende dos órgãos constituídos, se porventura existirem. Portanto, quando o Poder Constituinte Originário está sendo exercido, não há que se falar em desobediência ao Legislativo, que já exista, e até mesmo em desobediência ao Judiciário, que também já exista. O Poder Constituinte Originário é autônomo, assim, não está subordinado aos órgãos que já existam, ele *cria* os órgãos de poder.

Quando um novo Estado surge, totalmente novo, normalmente é fruto de uma revolução, de uma independência que se proclamou. Então, institui-se, depressa, logo que se proclame a independência de um novo Estado, um governo provisório. O próximo passo é a eleição de uma Assembleia Nacional Constituinte. Quando esta começa a exercer seu trabalho, não mais depende daquele governo provisório que convocou suas eleições. A Assembleia Nacional Constituinte cria os órgãos do Legislativo, Executivo e Judiciário, surgindo o novo Estado.

c.3) Incondicionado

É a terceira característica do Poder Constituinte Originário. Alguns autores o dizem ilimitado, mas tal caracterização é por demais perigosa. Há um certo limite para o Poder Constituinte Originário, já que não se trata de um poder absoluto.

Jorge Miranda, o mestre de Lisboa, distingue três categorias de limites materiais do Poder Constituinte: "limites transcendentes", que provêm de regras do Direito Natural; "limites imanentes", que se reportam à soberania do Estado e, por vezes, à forma de Estado e à legitimidade política em concreto; e em certos casos, os "limites heterônomos", que se referem a princípios, regras ou atos de Direito Internacional, que resultem obrigações para todos os Estados ou para determinado Estado, bem como a regras de Direito interno, quando o Estado seja composto e tenha de ser complexo o seu ordenamento jurídico. (MIRANDA, Jorge. *Teoria do Estado e da Constituição*, p. 376-377)

Portanto, o termo incondicionado parece ser mais apropriado para a caracterização do Poder Constituinte Originário, pois ele não sofre restrições ou limitações do Direito Positivo vigente, pode, porém, receber "influência" do Direito Natural, do Direito Positivo vigente e de tratados internacionais.

5. PODER CONSTITUINTE DERIVADO

a) Definição

Em se tratando do Poder Constituinte Derivado, já se destacou, na definição de Sahid Maluf, que este é o poder encarregado da reformulação constitucional. O Poder Constituinte Derivado é aquele poder que se destina a modificar a Constituição, segundo o que ela estabelece.

O Poder Constituinte Originário institui um poder constituinte reformador ou de emenda à Constituição. Os agentes do Poder Constituinte Originário – os constituintes – fixam os limites para adaptações da Lei Maior. Deixam aberta uma "porta" para que a Constituição possa ser adaptada, dentro de certos limites, a fim de acompanhar a dinâmica da vida político-jurídica do Estado.

O Poder Constituinte Derivado é aquele que traz modificações parciais, denominadas emendas, ao texto constitucional, e é também chamado poder de revisão constitucional. O texto constitucional, portanto, continua vigente, apenas contendo as modificações que o Poder Constituinte Derivado introduziu.

b) Titularidade

A titularidade do Poder Constituinte Derivado, ou poder de revisão constitucional, é também do povo. Esse poder será exercido por meio do órgão que a própria Constituição designar. O Legislativo, normalmente, recebe tal função, por ser formado pelos representantes eleitos, quase sempre diretamente, e ter função específica de legislar. Além disso, é um órgão colegiado amplo, composto por representantes de partidos políticos diferentes, correntes diferentes, opiniões diferentes, regiões diferentes do país. No Brasil, o órgão que possui esta função é o Congresso Nacional.

c) Características

O Poder Constituinte Derivado caracteriza-se por ser secundário, subordinado e limitado.

c.1) Secundário

Porque o Poder Constituinte Derivado não cria uma nova ordem jurídica estatal, apenas, reformula, modifica, por meio de emenda, uma ordem jurídica estatal que já existe. Assim, o poder Constituinte Derivado não cria em primeiro lugar, ele vem em segundo lugar, modifica, se for preciso.

c.2) Subordinado

É a segunda característica do Poder Constituinte Derivado, significando que ele depende dos órgãos de poder já constituídos e em funcionamento. Essa subordinação é ditada pela própria Constituição, que estipula as regras do Poder Constituinte Derivado.

c.3) Limitado

Porque sofre restrições do Direito Positivo vigente. O Poder Constituinte Derivado é limitado pela própria Constituição vigente, que impõe os limites para o seu exercício.

6. LIMITAÇÕES DO PODER CONSTITUINTE DERIVADO OU DE REVISÃO

As limitações do Poder Constituinte Derivado podem ser implícitas ou explícitas.

a) Limitações implícitas

As limitações implícitas são aquelas que não figuram claramente no texto da Constituição, mas podem ser entendidas pela leitura global, pelo espírito da Constituição, pelos princípios defendidos por aquele determinado Estado e até mesmo pelo Direito Natural.

Nelson de Sousa Sampaio aponta quatro linhas naturais, que restringem o reformador constitucional e quase sempre estão subentendidas no texto constitucional:

> 1) os direitos fundamentais; 2) as normas sobre o titular do Poder Constituinte; 3) as disposições relativas ao titular do poder reformador; 4) os preceitos referentes ao processo da própria reforma. (SAMPAIO, Nelson de Sousa. *O poder de reforma constitucional*, p. 93)

b) Limitações explícitas

As limitações explícitas são aquelas que figuram expressamente no texto constitucional. Não há que se deduzir, não se precisa interpretar: basta uma simples leitura. A doutrina costuma distribuir as limitações explícitas em quatro tipos: temporais, circunstanciais, materiais e formais.

b.1) Limites temporais

São aqueles que determinam um espaço de tempo durante o qual não se pode alterar a Constituição. A limitação explícita temporal costuma ser justificada pela necessidade de assegurar uma certa estabilidade às instituições constitucionais.

No Brasil, a Constituição do Império de 1824, no art. 174, estabelecia que somente após quatro anos de sua vigência poderia ser alterada.

A Constituição de Portugal de 1976 prevê limite temporal de cinco anos que deve ser observado entre as revisões ordinárias da Constituição, entretanto, admite a revisão extraordinária, a qualquer tempo, desde que existentes os requisitos especificados.

b.2) Limites circunstanciais

São aqueles que dizem respeito a acontecimentos anormais, durante os quais não se pode alterar a Constituição. A história mostra que certas situações excepcionais (estado de defesa ou estado de sítio) são desfavoráveis para a reforma da Constituição, por cercearem a liberdade de deliberação do órgão legislativo e da própria opinião pública.

A Constituição brasileira de 1988, no art. 60, § 1º, não admite a mudança da Constituição durante o estado de defesa, o estado de sítio e a intervenção federal.

b.3) Limites materiais

São aqueles que dizem respeito a um assunto, a uma determinada matéria que não pode ser objeto de revisão. As constituições selecionam um grupo de matérias, consideradas o cerne material da ordem constitucional, que não podem ser alteradas. É comum encontrar em textos constitucionais proibições de mudança, por meio de emenda, da forma de governo, da forma de Estado, do sistema de governo.

A Constituição brasileira de 1988 enumera, no art. 60, § 4º, as regras estruturadoras do texto constitucional: a forma federativa de Estado; o voto direto, secreto, universal e periódico; a separação dos poderes e os direitos e garantias individuais, que não podem sequer ser objeto de deliberação pelo poder de revisão.

b.4) Limites formais

São aqueles que se referem ao processo específico para modificação da Constituição. A limitação formal designa o *iter* processual para elaboração da emenda. Assim, em geral, os textos constitucionais trazem o modo de se propor, elaborar e aprovar as emendas.

Na Constituição brasileira de 1988 estas limitações estão previstas no art. 60, I, II, III e §§ 2º, 3º e 5º.

7. REVISÃO, EMENDA E REFORMA CONSTITUCIONAL

As Constituições, se por um lado, são documentos que refletem a estabilidade e a permanência da estrutura jurídica do Estado, por outro, são documentos que devem acompanhar a dinâmica da vida da sociedade, sendo adaptados ao contexto histórico, político, econômico e social de cada época.

A mudança constitucional pode ser identificada pelas denominadas: "mutação constitucional" e "reforma constitucional". A primeira corresponde às alterações não formais, que atingem o significado ou o alcance do texto constitucional, num processo lento e progressivo. Este fenômeno ocorre por meio da interpretação judicial, dos costumes, da edição de leis integrativas da Constituição, bem como da prática de atos e normas de sua execução. A segunda corresponde às alterações formais do texto constitucional e são efetuadas de modo variado, conforme os diversos sistemas constitucionais.

A reforma da Constituição, como acontecimento inevitável da vida jurídica, é obra do Poder Constituinte Derivado, ou Poder Constituinte Instituído, ou Poder de Revisão Constitucional. Esta força é limitada pelo próprio texto constitucional, como já mencionado.

Todavia, revisão, emenda e reforma são expressões usadas pela doutrina de modo confuso. José Afonso da Silva assevera:

A doutrina brasileira ainda vacila no emprego dos termos *reforma*, *emenda* e *revisão* constitucional. Ainda que haja alguma tendência em considerar o termo reforma como gênero, para englobar todos os métodos de mudança formal das constituições, que se revelam especialmente mediante o *procedimento de emenda* e o *procedimento de revisão*, a maioria dos autores, contudo, em face de constituições anteriores, empregou indiferentemente os três termos. (SILVA, José Afonso da. *Curso de direito constitucional*, p. 56)

Para melhor compreensão segundo a etimologia destes termos, pode-se dizer que a "revisão" constitucional é a releitura da Lei Maior, em busca da necessidade e da possibilidade de modificações no seu texto, que, uma vez detectadas, serão feitas por emendas, menores ou maiores na sua extensão e no seu conteúdo.

A "revisão" pode ser geral ou parcial, que é a releitura ampla ou localizada da Constituição, que poderá levar à constatação da necessidade de "reformas", maiores ou menores, no texto, feitas sempre por "emendas", observados os limites e respeitadas as formalidades previstas no próprio texto constitucional.

Assim, antes de qualquer "emenda" terá havido uma releitura, uma "revisão", localizada ou geral da Constituição. A aprovação da "emenda", se houver, constituirá a "reforma".

8. PODER CONSTITUINTE DECORRENTE

O Poder Constituinte dos Estados-Membros da federação é denominado Poder Constituinte Decorrente, ou seja, o poder de auto-organização das unidades federadas.

O Poder Constituinte Decorrente é aquele que elabora, promulga ou modifica a Constituição do Estado federado. É poder secundário, subordinado e limitado aos princípios constitucionais federais.

Em síntese, para elaborar e promulgar a Constituição do "Estado – unidade político-jurídica do mundo", a tarefa é do Poder Constituinte Originário. Para fazer emendas à Constituição de um "Estado – unidade político-jurídica do mundo", a tarefa é do Poder Constituinte Derivado. E, para elaborar, promulgar ou modificar a Constituição de um Estado-Membro de uma federação, surgiu a necessidade de se classificar um novo tipo de Poder Constituinte, que foi denominado Decorrente. Tal Poder poderia ser chamado igualmente de Derivado, na medida em que o Poder Constituinte Originário estabelece a forma de Estado federativa e, por consequência, prevê, também, que cada Estado federado adote a sua Constituição.

LEITURAS COMPLEMENTARES

Leitura 1:
POR FALAR EM CONSTITUINTE

Enfoque jurídico-político

Assunto dos mais momentosos – o Poder Constituinte – achei interessante trazer para as páginas do *Estado de Minas* trecho da "última aula" que, como paraninfo, dirigi, recentemente, à turma de formandos da Faculdade de Direito "Milton Campos". Aqui os leitores terão a opinião do professor de Teoria Geral do Estado e não do mestre de Ciência Política. O enfoque, portanto, é jurídico e não político.

Segundo o emérito constitucionalista Afonso Arinos de Melo Franco, o "Poder Constituinte" apresenta-se no momento da organização de um novo Estado ou, também, nas ocasiões em que se torna necessária a reordenação jurídica fundamental de um estado já existente.[1]

Tal poder, que é originário, inicial, autônomo e incondicionado, seja na fase de constituição ou de reconstituição, tem como seu titular o "povo", que deveria, por conseguinte, ser sempre o seu "agente", o que, infelizmente, nem sempre acontece, como prova, bem de perto, a nossa história constitucional (precisamente em 1824, 1937 e 1967), quando recebemos cartas "outorgadas" e não fizemos constituições "dogmáticas".

O "povo", por sua vez, na Teoria Geral do Estado, cons-

---

1 MELO FRANCO, Afonso Arinos de. *Direito constitucional*: teoria da Constituição; as Constituições do Brasil. Rio de Janeiro: Forense, 1976, p. 23.

titui-se na parcela ativa da "população", primeiro elemento do Estado, significando esta, na ciência jurídica o conjunto de indivíduos sujeitos, em caráter permanente, à ordem jurídica de um Estado.

Juntamente com o "território", tomado juridicamente como todo ambiente físico ou espaço sob a ação jurídica exclusiva do Estado, e o "poder soberano", que segundo Amílcar de Castro,[2] é a "competência de estabelecer competências", *o povo*, já definido, forma "um conjunto operante que é o Estado, verdadeira trindade ou unidade tripartida, onde se encontra cada parte em função das outras duas".

Segundo Aubert[3] "*la démocratie est d'une étymologie simple: le peuple détient le pouvoir*". Outra não é a opinião de Montesquieu,[4] em seu inesgotável De l'esprit des lois, ao afirmar: "Quando, numa república, o povo, como um todo, possui o poder soberano, trata-se de uma *Democracia*".

E é Jefferson,[5] em seus valiosos *Political Writings*, quem diz: "Considero o povo que constitui a sociedade ou a nação como a fonte de toda autoridade."

Até agora, como viram os que me honram com a sua atenção, falei em "Poder Constituinte Originário", qual seja força capaz de constituir ou de reconstituir a ordem jurídica estatal. Ordem jurídica que se encaixa plenamente no pensamento de Hans Kelsen,[6] segundo o qual

> o verdadeiro do sentido de poder ou dominação estatal não é o de que uns homens estão submetidos a outros, mas sim o de que todos os homens (governantes e governados, acrescento eu) estão submetidos às normas.

A obra do Poder Constituinte Originário é, pois, a *Constituição*, a Lei Fundamental do Estado. Em regra geral, diz Manoel Gonçalves Ferreira Filho,[7] "ela institui

---

2 CASTRO, Amílcar de. *Direito internacional privado*. Rio de Janeiro: Forense, 1977, p. 13.
3 AUBERT. *Petite histoire constitutionelle de la Suisse*. Berne: Francke, 1974.
4 MONTESQUIEU. *Do espírito das leis*. São Paulo: Abril Cultural, 1979, p. 31 (Coleção Os Pensadores).
5 JEFFERSON. *Escritos políticos*. São Paulo: Abril Cultural, 1979, p. 23. (Coleção Os Pensadores).
6 KELSEN, Hans *apud* DALLARI, Dalmo de Abreu. *Elementos de teoria geral do Estado*. São Paulo: Saraiva, 1973, p. 98.
7 FERREIRA FILHO, Manoel Gonçalves. *Direito constitucional comparado*. São Paulo: Bushatsky, 1974, p. 134.

um outro poder, que é o Poder Constituinte Instituído ou Poder Constituinte Derivado, capaz de rever e modificar a própria Constituição".

É o Poder de Revisão Constitucional, que se manifesta tipicamente por meio de "emendas". Tal tarefa, importantíssima, repousa normalmente no órgão legislativo criado pelo próprio texto constitucional, sendo, assim, secundário, subordinado e limitado.

Pelas mesmas razões acima citadas, por serem de quem são (e por mim esposadas, por convicção íntima), vê-se que o *povo* também é titular desta segunda modalidade de Poder Constituinte.

No seu todo, o "Poder Constituinte", originário ou derivado, é uma função da soberania nacional, ou no dizer de Rousseau[8] da vontade geral, capaz de "dirigir as forças do estado de acordo com a finalidade de sua instituição que é o bem comum".

O notável *Citoyen de Génève* ainda nos ensina que "a soberania é *inalienável*" e o soberano tornando-se um ser coletivo (o povo) só pode ser representado por si mesmo.[9]

Verificada a sua titularidade, resta saber como o povo pode e deve ser o "agente" do Poder Constituinte. Sendo impossível, nos dias de hoje, a "democracia pura ou direta", pela inviabilidade material de que o povo se governe a si próprio em assembleias populares, tem-se como possível a "democracia indireta ou representativa", surgindo, aí, o "Governo" como delegado da soberania nacional, tida como força geradora legítima de todo o Poder do Estado. O governo, pois, deve estar "dentro" do Estado e não "sobre" o Estado.

No que diz respeito ao Poder Constituinte, objeto desta aula, que se vai tornando longa, mas que já chega ao seu final, o povo será seu agente:

1. pela Assembleia Nacional Constituinte, eleita originária e especificamente para elaborar a Constituição, eleição que se apresenta, a meu ver, como o momento mais dramático da Nação; ou

2. pelo Poder Legislativo, legalmente constituído, quando se tratar de atividade derivada, ou seja, a de emendar a Constituição já existente.

(FIUZA, Ricardo A. Malheiros. *Estado de Minas*, 12 ago. 1980)

---

8   ROUSSEAU, Jean Jacques. *Do contrato social*. São Paulo: Abril Cultural, 1978, p. 43 (Coleção Os Pensadores).
9   ROLLAND, Romain. *O pensamento vivo de Rousseau*. São Paulo: Martins, 1975, p. 43.

Leitura 2:
PODER CONSTITUINTE DERIVADO

Nos últimos dias tem-se falado muito sobre poder constituinte, com a afirmação, a meu ver errada, de que os deputados federais e senadores a serem eleitos no próximo 3 de outubro virão a formar, a partir de outubro de 1993, por força do art. 3º do Ato das Disposições Constitucionais Transitórias (ADCT), uma "nova assembleia nacional constituinte", podendo "alterar toda a Constituição".

Acontece que não é bem assim. Em 5 de outubro de 1988 entrou em vigor a nossa sétima Constituição. Seu texto foi elaborado e promulgado pelo Congresso Nacional, transformado em Assembleia Nacional Constituinte, nos termos da Emenda Constitucional n. 26/85, e eleito, pois, previamente, com poder Constituinte originário.

Tal Poder Constituinte Originário é inicial, no sentido de criar um ordenamento jurídico-político, que pode ser o primeiro para um novo Estado que surge ou um novo para um Estado já historicamente existente; é autônomo, pois não depende dos "poderes" constituídos porventura existentes, visto que a força constituinte originária é que cria ou recria tais órgãos do poder; é incondicionado, eis que não sofre qualquer restrição ou limitação do Direito Positivo vigente, só podendo e devendo ser "iluminado" pelos grandes princípios do Direito Natural.

Promulgada a Constituição, há que se verificar pelo próprio texto quais são as regras de suas possíveis reformas. Isto é, os titulares do poder constituinte originário – os constituintes – deixam sempre aberta uma porta para que a Lei Maior possa sofrer adaptações e revisões, dentro de certos limites, a fim de acompanhar a dinâmica da vida jurídico-política do Estado. Ou seja, o poder constituinte originário cria o poder de revisão constitucional. Esse é secundário, por dar continuidade à mesma ordem jurídico-política vigente e não criar outra.

É subordinado, por depender da ação dos "poderes" constituídos já existentes e em pleno funcionamento, *i.e.*, do Executivo, que pode propor emendas; do Legislativo, que as discute, elabora e promulga; e mesmo do Judiciário, que pode apreciar sua constitucionalidade. E, finalmente, limitado, por ter que obedecer rigorosamente às normas para ele traçadas pelo texto positivo superior, ou seja, pela própria Constituição.

No caso brasileiro, o art. 60 e seus incisos I, II e III da Constituição de 88 estabelecem hipóteses de iniciativas das emendas constitucionais. O § 1º do mesmo artigo impõe limitações circunstanciais ao poder de revisão, ao proibir as emendas durante a vigência de intervenção federal, de estado de defesa ou de estado de sítio. Os §§ 2º e 3º traçam o processo de elaboração das emendas.

O § 4º e seus incisos I a IV fixam as limitações materiais ao poder constituinte derivado, prescrevendo que não serão objeto sequer de deliberação as emendas tendentes a abolir a forma federativa de Estado, o voto direto, secreto, universal e periódico, a separação dos Poderes e os direitos e garantias individuais.

Tudo isso significa que, desde o início da vigência da Constituição e dentro dos limites acima mencionados, emendas podiam e podem ser aprovadas, contanto que obtenham o *quorum* de três quintos, em dois turnos, dos votos dos membros das duas casas do Congresso – a Câmara dos Deputados e o Senado.

Já o art. 3º do ADCT determina que haverá uma revisão constitucional cinco anos após a promulgação da Constituição, pelo voto da maioria absoluta dos membros do Congresso Nacional, em sessão unicameral. Portanto, os parlamentares a serem eleitos em 3 de outubro próximo terão o poder constituinte derivado.

Não formarão uma Assembleia Nacional Constituinte. Não poderão "fazer" outra Constituição. Poderão, sim, emendá-la, desde logo, e terão que revê-la, a partir de outubro de 1993, mas sempre dentro dos limites preestabelecidos. E, mais ainda, tendo que respeitar a vontade popular, a ser expressa no plebiscito marcado para 7 de setembro de 1993, quando o povo decidirá (e não se opinará) sobre qual a forma de governo (república ou monarquia) e qual o sistema de governo (presidencialismo ou parlamentarismo) a serem adotados no Brasil.

A diferença, pois, é que na edição das emendas avulsas, já possíveis, o processo é mais rígido; enquanto que, no tocante à revisão, há mais flexibilidade. Porém, os legisladores sempre agirão como congressistas, com poder constituinte derivado e não como constituintes, com a força originária.

O que não tira a importância singular da eleição de 3 de outubro de 1990. Isso porque, de antemão, já sabemos que os eleitos para o Congresso terão o direito e a obrigação de rever o nosso analítico e expansivo "instrumento de governo". O eleitor tem que levar tal fato em conta ao escolher seus candidatos. (FIUZA, Ricardo A. Malheiros. *Estado de Minas*, 20 set. 1990).

Leitura 3:
UM CONSELHO INCONSTITUCIONAL

Mal foi promulgada a chamada "Reforma do Judiciário" e já entrou no Supremo Tribunal Federal uma ADIN (Ação Direta de Inconstitucionalidade), proposta pela AMB – Associação dos Magistrados Brasileiros. E era de se esperar! Há muitos meses, já tínhamos previsto em palestras e artigos tal incidente. E por quê?

Simplesmente (ou tristemente) porque o "Conselho Nacional da Justiça", introduzido pela nova emenda constitucional no art. 92 da Constituição Federal, que trata do Poder Judiciário, é mesmo "inconstitucional". E por quê?

Porque tal órgão, a ser destinado ao "controle da atuação administrativa e financeira do Poder Judiciário e do cumprimento dos deveres funcionais dos juízes", é composto de nove magistrados e de mais seis membros estranhos ao Poder Judiciário. São eles: dois representantes do Ministério Público, dois representantes da Ordem dos Advogados do Brasil e dois cidadãos, de notável saber jurídico e reputação ilibada, indicados um pela Câmara dos Deputados e outro pelo Senado Federal.

Não se trata aqui de discutir a necessidade de tal controle (a meu ver esse Conselho é desnecessário e será ineficiente) e, sim, de afirmar a sua flagrante "inconstitucionalidade". E por quê?

O art. 2º da Constituição brasileira, que está entre os "princípios fundamentais", declara, com toda força, que são Poderes da União, "independentes e harmônicos" entre si, o Legislativo, o Executivo e o Judiciário.

Podemos até discordar da expressão "poderes" no plural, já que o Poder do Estado é um só e três são os grandes "órgãos" que o devem exercer, como doutrinou Montesquieu. Porém de qualquer maneira, nossa Carta é explícita no tocante à "independência" entre eles. Infelizmente, a harmonia ali prevista é que não anda muito evidente. E vai piorar com o tal Conselho...

O art. 60, que trata do poder de reforma da Constituição (poder constituinte derivado), é mais claro ainda, quando inclui, no seu § 4º, inciso III, entre as limitações "explícitas" materiais às possibilidades de emenda constitucional, a "separação dos Poderes". Essa é uma "cláusula pétrea".

Não se admite ali, sequer, que tal assunto seja objeto de deliberação pelas Casas do Congresso. E é claro que um órgão de controle do Judiciário, composto também de representantes estranhos a ele, sobretudo não indicados por ele e, sim, nomeados pelo Presidente da República, quebra tal separação.

Além disso, o art. 99, conquista alcançada na própria Constituição de 88 (portanto, por força do poder constituinte originário), garante, com todas as letras, que ao Poder Judiciário é assegurada "autonomia administrativa e financeira". Então, como se admite um órgão misto para, como textualmente consta do novo dispositivo (introduzido pelo poder constituinte derivado), controlar a "atuação administrativa e financeira" do Poder Judiciário?

Não entendemos como tais dispositivos, a tratarem do Conselho Nacional da Justiça, passaram pelas Comissões de Constituição e Justiça de nossas Casas Legislativas, encarregadas que são do controle preventivo da inconstitucionalidade.

E também não entendemos como alguns Magistrados possam concordar com tal Conselho, sob a alegação de que o Judiciário nada tem a esconder...

O foco do assunto não é esse. Não se trata de responder "corajosamente" a acusações de "caixa-preta"... E sim, de se defender a supremacia constitucional, cujos princípios básicos e regras de revisão só podem ser criados (e não alterados) por uma "nova" Constituição, obra do poder constituinte originário. (FIUZA, Ricardo A. Malheiros. *Estado de Minas*, 4 jan. 2005).[10]

Leitura 4:
ESDRÚXULA CONSTITUINTE!

Felizmente, segundo os mais recentes jornais, está sendo descartada a ideia de uma assembleia nacional constituinte "exclusiva", com poderes "limitados" para fazer uma "reforma" política em nosso país! Minha mãe, professora e estudiosa, se viva estivesse, teria dito: ainda bem que se desistiu dessa coisa "esdrúxula"!

E por quê? Acho que vale a pena explicar resumidamente o assunto para que tal ideia não volte tão cedo.

Porque uma Assembleia Nacional Constituinte só pode

---

10 Nota do Autor à 3ª edição – O STF, em decisão de 13.04.2005 declarou, por maioria de votos, a constitucionalidade do CNJ. Foram vencidos os Ministros Ellen Gracie, Carlos Velloso, Sepúlveda Pertence e Marco Aurélio, que votaram pela inconstitucionalidade. Fico com os vencidos...

ser eleita diretamente pelo povo para exercer o "poder constituinte originário". Se eleita, "exclusivamente", para tal fim, dissolve-se após a promulgação de uma nova constituição (no Brasil aconteceu somente uma vez, em 1934). Se eleita de forma mista, também como congresso (aqui no Brasil, isso ocorreu em 1891, 1946 e 1988), a assembleia se transforma em Órgão Legislativo, após a promulgação da constituição. De qualquer maneira, o poder delegado a uma Assembleia Constituinte, exclusiva ou mista, é "originário" e, assim sendo, tem como características ser inicial, autônomo e incondicionado. É "inicial", porque sempre que se manifesta, cria, por inteiro, uma nova ordem jurídica, seja a primeira constituição ou outras subsequentes no caso brasileiro, tal poder já se manifestou sete vezes, sendo quatro de maneira legítima (1891, 1934, 1946 e 1988) e três de forma ilegítima (1824, 1937 e 1967). Mas sempre foi "inicial". E também "autônomo", por não depender dos órgãos do poder porventura já constituídos. E, principalmente, sempre foi "incondicionado", no sentido de não ter limitações no direito positivo vigente. Isto é, o poder constituinte originário, exercido por uma Assembleia Constituinte (ou até mesmo exercido ilegitimamente), não aceita delimitações em seu campo de ação.

Fazer reforma na constituição, inclusive a reforma política, é atribuição do poder constituinte "derivado", a ser exercido pelo órgão legislativo, no caso brasileiro, o Congresso Nacional. A atual Constituição brasileira é claríssima, em seu artigo 60, ao estabelecer os limites formais, circunstanciais e materiais ao poder constituinte derivado, ou de revisão, ou de reforma. Esse, sim, é "secundário" (porque foi criado pelo poder originário), é "subordinado" (pois depende dos poderes constituídos, mormente do legislativo) e é "limitado" (pelas regras da própria constituição).

No dia 1º de outubro próximo, o povo brasileiro (conjunto dos cidadãos) irá às urnas para eleger o novo Congresso Nacional, que terá, como já tem, o poder de revisar a constituição, podendo perfeitamente fazer a reforma política tão almejada.

Nós, eleitores, detentores do poder político nacional, é que precisamos, todos, pensar bem a quem vamos delegar essa força legislativa e revisora. Se prestarmos atenção nos noticiários, já saberemos pelo menos em quem "não votar".

Argumentar que o povo brasileiro não saberá escolher o novo Congresso é preconceituoso e, pelo menos, estranho, quando ao mesmo tempo, se acha que ele pode eleger tranquilamente (e agora!) uma assembleia nacional constituinte exclusiva e limitada!

Só se elege tal assembleia, exclusiva ou mista, quando o Estado, no dizer de Jorge Miranda, passa por "vicissitude" que justifique a alteração "total" da ordem jurídica nacional. O que não é o caso presente. Assembleia constituinte não pode ser tratada como oferta de ocasião! (FIUZA, Ricardo A. Malheiros. *O Tempo*, 29 ago. 2006)

8º Capítulo
CONSTITUCIONALISMO

1. INTRODUÇÃO

A ideia de Constituição como instrumento de institucionalização política não surgiu de modo abrupto na vida em sociedade. Ela corresponde à própria evolução histórica do homem em busca da felicidade, da paz, de uma convivência harmônica e integrada com o próximo. Para se viver bem em sociedade, é preciso organizar o poder.

Ferdinand Lassalle assevera que não há nada mais equivocado do que a ideia de serem as Constituições uma característica peculiar dos tempos modernos. Segundo ele, "todo país tem, e sempre teve, em todos os momentos de sua história uma Constituição", pois "não se concebe país algum em que não imperem determinados fatores reais de poder, quaisquer que sejam". (LASSALLE, Ferdinand. *O que é uma Constituição?*)

Assim, a existência de um sistema constitucional com suporte em leis básicas apareceu no mundo antigo, preocupando Aristóteles, entrou na Idade Média, com a Magna Carta, e ganhou relevo mais claro nos séculos XVII e XVIII, com as elaborações doutrinárias daquela época.

2. ANTECEDENTES

Desde a antiguidade se verifica a existência de leis básicas que cuidam da própria organização do poder. Aristóteles, na obra *A Política*, afirma que num Estado bem constituído deve-se observar que nada se faça contra as leis. Na mesma obra, o autor menciona que as leis devem ajustar-se à Constituição, ficando clara a distinção entre as legislações:

> A Constituição é a ordem ou distribuição dos poderes que existem num Estado, isto é, a maneira como eles são divididos, a sede da soberania e o fim a que se propõe a sociedade civil.
> As leis não são a mesma coisa que os artigos fundamentais da Constituição; elas servem apenas de regra para os magistrados no exercício do governo, e também para conter os refratários. (ARISTÓTELES. *A política*, p. 149)

No período medieval, há referências a uma ordem constitucional contida em forais, pactos e cartas. A Magna Carta dos ingleses, de 1215, e a Bula de Ouro dos húngaros, de 1222, são documentos importantes na história inicial do constitucionalismo.

Esses documentos antigos, porém, não traduzem a significação moderna dada às Constituições, ou seja, de lei fundamental em que repousa a vontade soberana da nação.

Os textos medievais, anteriores ao movimento revolucionário liberal, trazem a ideia de um documento escrito destinado a alcançar a paz entre o príncipe e o povo, assegurando direitos individuais, ainda que incipientes, sem chegar a limitar o poder absoluto e divino dos monarcas.

Na lição de Manoel Gonçalves Ferreira Filho, um pouco mais próximos da ideia de Constituição encontram-se os contratos de colonização, próprios da história das colônias da América do Norte. Esses documentos firmados por mútuo acordo pelos colonizadores, normalmente puritanos, chegados à América, estabeleciam as regras pelas quais deveriam ser governados.

Raul Machado Horta acentua que a elaboração doutrinária do conceito de *Lex Fundamentalis* constitui uma das apreciáveis contribuições da *École du Droit de la Nature et des Gens*, denominada por Edgard Bodenheimer de Escola Clássica do Direito Natural. Acrescenta que os pensadores desta escola, em especial os filósofos de sua primeira fase,

> buscaram traçar limitações à conduta do Soberano, de forma que ela se ajustasse a determinados princípios imanentes à espécie humana, anteriores à organização

política, os quais deveriam ser respeitados como direitos inatos e naturais do homem. (HORTA, Raul Machado. *Direito constitucional*, p. 120)

No século XVII, a Revolução Inglesa dará um grande impulso ao constitucionalismo por consagrar a supremacia do Parlamento como órgão legislativo. Este fato coloca em evidência a ideia de que o Estado deve possuir um governo baseado em leis.

No final do século XVIII, na Europa Ocidental, vários fatores se fundem para determinar o surgimento das Constituições e suas principais características. A doutrina do pacto social difunde a superioridade do indivíduo dotado de direitos naturais inalienáveis, que deveriam receber a proteção do Estado. Ganha força o movimento contra o absolutismo dos monarcas, que objetiva a limitação dos poderes dos governantes. Por último, o pensamento iluminista coloca em evidência as ideias de razão e de progresso, que se refletem na racionalização do poder.

Como resultado, o movimento constitucionalista se consolida com base na superioridade dos direitos do indivíduo, na necessidade de limitação do poder dos governantes e no progresso advindo com a racionalização do poder.

Inspirada nesses objetivos, a primeira Constituição escrita (ou orgânica) colocada em prática foi a dos Estados Unidos da América, em 1787. Em seguida, a França, em conseqüência da Revolução, promulgou a sua Constituição em 1791, que alcançou grande repercussão. O Brasil, em 1824, também, promulgou uma Constituição escrita. Aos poucos, por influência do movimento constitucionalista, os Estados modernos, seja de modo espontâneo ou por força de revoluções políticas, adotaram uma Constituição escrita.

No entanto, lembrando que sua história muito contribuiu para os ideais constitucionais, a Grã-Bretanha nunca reuniu em um código único as muitas leis fundamentais, as praxes, os costumes políticos que lhe dão estruturação e organização estatal. Várias são as cartas de liberdade, atas, petições de direitos, os documentos políticos que formam a Constituição não escrita (ou inorgânica) da Grã-Bretanha.

No mundo contemporâneo, embora não se possa considerar a concepção individualista de direito e liberdade criada pelo liberalismo do final do século XVIII, o indivíduo se mantém como a base da vida social, sendo preciso limitar o poder, a fim de proteger os valores fundamentais. Neste contexto, o Estado democrático, com suporte em regras jurídicas básicas, mostra-se imprescindível, não estando ultrapassada a necessidade de uma Constituição, como lei superior que condiciona todo o sistema jurídico.

3. CONSTITUIÇÃO

a) Definição

Etimologicamente, a palavra "Constituição" deriva do prefixo *cum* e do verbo *stituire*, com significado de compor, organizar, estabelecer, constituir. Em analogia com o corpo humano, também o "corpo político" necessita de estruturação e organização para atingir os seus fins.

Em sentido amplo, Constituição é a própria organização do Estado. Nesta acepção, o termo se aplica a todo grupo, a toda sociedade, a todo Estado. Indica a natureza particular de cada Estado, a sua estrutura essencial.

Nesse sentido amplo, pode-se afirmar que não houve e não há Estado sem Constituição, que compreende as tradições, os costumes políticos, as leis, os documentos que regulam a sucessão dos tronos, criam órgãos e lhe regulam o funcionamento.

Todavia, aqui, interessa-nos o termo Constituição no seu sentido restrito, sob o enfoque jurídico e político, usado para designar a organização fundamental do Estado.

Em definição sucinta Jellinek expõe:

> La costituzione dello Stato comprende, adunque, normalmente i principi giuridici, che designano gli organi supremi dello Stato e stabiliscono il modo della loro creazione, i loro reciproci rapporti, la loro sfera di azione, ed inoltre la posizione fondamentale dell'individuo di fronte al potere statale. (JELLINEK, Giorgio. *La dottrina generale Del diritto dello stato*, p. 93) (Tradução: A Constituição do Estado compreende, pois, normalmente os princípios jurídicos que designam os

órgãos supremos do Estado e estabelecem o modo de sua criação, suas relações recíprocas, sua esfera de ação, além da posição fundamental do indivíduo em face do poder estatal.)

Darcy Azambuja apresenta a seguinte definição de Constituição:

> É o conjunto de preceitos jurídicos, geralmente reunidos em um Código, que discrimina os órgãos do Poder Público, fixa-lhes a competência, declara a forma de governo, proclama e assegura os direitos individuais. (AZAMBUJA, Darcy. *Teoria geral do estado*, p. 169)

Em análise, por partes, dessa definição temos "o conjunto de preceitos jurídicos". Com isso, pode-se dizer que no texto da Constituição estão dispostas as regras jurídicas em matéria constitucional, e que o Direito Constitucional é ramo do Direito Positivo. Continuando, temos "geralmente reunidos em um código". O advérbio "geralmente", designa que, quase sempre, os preceitos constitucionais de um determinado Estado estão reunidos num só código, mas, pelo contrário, significa também que pode haver Constituição de algum Estado cujos preceitos não estão reunidos num único código, mas dispersos em várias leis, em diversos documentos. Depois, temos "discrimina os órgãos do Poder Público", denotando que a Constituição enumera os órgãos do Poder Público um a um. Em seguida, "fixa-lhes a competência", poderia ser acrescentado "e também a sua composição, a sua organização". A Constituição não se limita em dizer que há um Legislativo ou um Executivo ou um Judiciário, mas ensina e declara, com toda transparência, que aqueles órgãos, além de terem tais atribuições, devem ser formados de determinada maneira: competência e composição. A seguir, "declara a forma de governo". A Constituição mostra a forma de governo adotada por aquele Estado. Poderia ser incluído "declara a forma de governo e de Estado". Concluindo, "proclama e assegura os direitos individuais". Esta expressão evidencia o indivíduo como a base da vida social e os seus direitos fundamentais como limite ao poder estatal.

As definições de Darcy Azambuja, como a de Jellinek e as de muitos outros doutrinadores constitucionais assinalam a concepção clássica de Constituição, restrita à organização do poder político e ao estabelecimento de direitos e garantias fundamentais. Entretanto, a tendência das atuais Constituições é a ampliação do campo constitucional para abranger, também, outras áreas, como a organização econômica e financeira, bem como as relações sociais, ambientais, culturais. Dessa circunstância decorre a extensão normativa constitucional, como é o caso da Constituição brasileira de 1988.

Nesta nova acepção, Kildare Gonçalves Carvalho realça que a Constituição deve ser concebida

> como ordem fundamental, material e aberta de uma comunidade. Como ordem fundamental revela sua posição de supremacia, e como ordem material contém, além de normas, uma ordem de valores, que se expressa no conteúdo de direito que não pode ser desatendido pelas normas infraconstitucionais. Considere-se ainda que a Constituição traduz uma ordem aberta, porquanto mantém uma permanente interação com a realidade. Há, desse modo, uma conexão de sentido entre os valores compartilhados e aceitos pela comunidade política e a ordenação fundamental e suprema representada pela Constituição, cujo sentido jurídico somente pode ser apreciado em relação à totalidade da vida coletiva. (CARVALHO, Kildare Gonçalves. *Direito constitucional, Teoria do Estado e da Constituição* – Direito constitucional positivo, p. 196)

Assim, a Constituição, sem deixar de ser a ordem fundamental superior que traça a organização do poder político, resguarda e assegura os direitos fundamentais e estabiliza as relações no Estado, revela igualmente uma ordem de valores sociais, econômicos, ambientais, culturais e espirituais voltados à promoção de uma constante sintonia entre o direito e a realidade, na construção efetiva de um Estado de direito, democrático e social, igualmente aberto à cooperação no plano externo.

4. CLASSIFICAÇÃO DAS CONSTITUIÇÕES

Inúmeros são os critérios para classificar as Constituições. Destacamos três aspectos especiais a considerar: a forma, a origem e a revisão.

a) Quanto à forma

Forma é o aspecto que a Constituição tem, a maneira pela qual ela se apresenta aos nossos olhos. Nesta classificação, as Constituições podem ser orgânicas ou escritas, e inorgânicas ou não escritas. As orgânicas, por sua vez, subdividem-se em analíticas e sintéticas.

a.1) Orgânicas

Uma Constituição pode ser orgânica, denominação preferível a "escrita". A Constituição orgânica é aquela cujos preceitos jurídicos se acham expressos em único documento escrito, em um só código, num corpo de lei, de forma organizada e sistemática. Subdividem-se as constituições orgânicas em analíticas e sintéticas.

a.1.1) Analíticas

As Constituições orgânicas analíticas são extensas, tratam de modo detalhado de todos os assuntos de relevância para o Estado. Evidentemente, são constituições que possuem muitos dispositivos, chamados artigos, parágrafos, incisos, alíneas, números, etc. Ex.: Portugal, Espanha, Brasil.

a.1.2) Sintéticas

As Constituições orgânicas sintéticas não são extensas, tratam em poucos dispositivos apenas das matérias básicas do Estado, deixando para leis complementares e leis ordinárias os detalhes a respeito dessas matérias básicas. Ex.: a Constituição dos Estados Unidos da América do Norte é a mais sintética do mundo moderno, possui sete artigos tão-somente, e nesses mais de duzentos anos de vida, apenas vinte e sete emendas foram acrescentadas.

a.2) Inorgânicas

As Constituições inorgânicas são aquelas cujos preceitos jurídicos não estão reunidos num só código, mas em documentos esparsos, que são mantidos historicamente através dos tempos. Exemplo típico e cada vez mais raro de ser encontrado: a Constituição da Grã-Bretanha. São também chamadas de "costumeiras" ou "consuetudinárias".

b) Quanto à origem

Para se classificar uma Constituição quanto à origem, é preciso que se saiba de que modo foi exercido o Poder Constituinte Originário. Assim, de acordo com o seu nascimento, a Constituição pode ser dogmática ou outorgada.

b.1) Dogmática

A Constituição é denominada dogmática ou verdadeira, legítima, popular, democrática, quando uma Assembleia Nacional Constituinte, eleita pelo povo, expressamente para tal tarefa, elaborou e promulgou a Constituição. Lembre-se que a promulgação é a publicação com o objetivo de afirmar que a ordem jurídica foi inovada e deve ser cumprida, e tanto as Constituições dogmáticas quanto as outorgadas têm de ser promulgadas. Exemplos de Constituições dogmáticas: a de Portugal, de 1976, e a da Espanha, de 1978. A Constituição espanhola é das mais dogmáticas do mundo moderno, porque, além de elaborada e promulgada por uma Assembleia Nacional Constituinte, eleita especificamente para este fim, foi referendada pelo povo espanhol, numa demonstração total de democracia, usando um dos institutos da democracia semidireta, o referendo. A Constituição americana, de 1787, e a francesa, de 1958, são também dogmáticas.

b.2) Outorgada

A Constituição é denominada outorgada, ilegítima, imposta, quando elaborada e promulgada por qualquer órgão (mesmo coletivo) que não tenha sido eleito previamente com a tarefa de exercer o Poder Constituinte Originário. Como exemplo de constituição outorgada, temos a Carta Chilena, de 1980, que foi elaborada e promulgada pela Junta de Governo, que não tinha sido eleita para tal missão.

c) Quanto à Revisão

Para a classificação das Constituições quanto à revisão, deve-se considerar o modo pelo qual o Poder Constituinte Derivado é exercido, ou seja, o processo de elaboração de emendas. Há, portanto, dois tipos históricos e dois tipos atuais de Constituições quanto à revisão. Os dois tipos históricos são as chamadas Constituições imutáveis e as Constituições fixas. E os dois tipos modernos, atuais, são as Constituições rígidas e as Constituições flexíveis.

c.1) Imutáveis

Eram Constituições permanentes, que não prescreviam meio de reforma, não podiam ser emendadas. Exemplos históricos: o Código de Hamurabi, a Lei das XII Tábuas.

c.2) Fixas

Eram Constituições que somente poderiam ser reformadas pelo mesmo órgão constituinte que as tivesse elaborado. Exemplo histórico: as primeiras Constituições que vigoraram na França ao tempo de Napoleão I somente podiam ser modificadas pelo mesmo poder constituinte que as elaborou.

c.3) Rígidas

São as Constituições que demandam um processo especial, mais solene, mais difícil para a sua alteração do que para a elaboração de leis ordinárias. A aprovação de suas emendas exige um *quorum* privilegiado, diferente do que é exigido para a legislação ordinária. Assim, o número de votos favoráveis à emenda deve ser muito maior do que o número exigido para a aprovação de leis ordinárias. Ex.: a Constituição dos Estados Unidos da América do Norte.

c.4) Flexíveis

As Constituições flexíveis, também denominadas plásticas, são aquelas que podem ser alteradas pelo mesmo processo pelo qual se elaboram as leis ordinárias. Ex.: a Constituição Britânica. Pode-se pensar que a Constituição Britânica é flexível porque é inorgânica, e tal não deixa de ser verdade. Ela é inorgânica sim, os seus documentos são mantidos, e um documento posterior altera os anteriores. E tal documento é elaborado da mesma forma que uma lei ordinária britânica é feita pelo seu Parlamento bicameral. Todavia, não é fato que somente a Constituição inorgânica seja flexível. Tanto que há exemplo de Constituição orgânica flexível: a Constituição Suíça. Na Constituição Federal da Suíça, que é orgânica, as emendas são aprovadas pelo mesmo processo que é usado para a aprovação de leis ordinárias.

c.5) Semirrígidas:

O grau de rigidez pode variar nas Constituições. Assim, as denominadas Constituições semirrígidas (ou mistas) são aquelas que admitem alterações por um critério rígido e outro flexível. Nessas Constituições algumas regras podem ser alteradas por um processo legislativo ordinário, comum, enquanto outras regras somente podem ser alteradas por um processo legislativo especial, solene, mais difícil do que o da lei ordinária. Ex.: a Constituição brasileria de 1824.

5. A CONSTITUIÇÃO DOS ESTADOS UNIDOS DA AMÉRICA DO NORTE

Desde a Proclamação da Independência, em 4.7.1776, as treze antigas colônias britânicas da América do Norte (Delaware, Maryland, Virginia, North Carolina, South Carolina, Georgia, New Hampshire, Massachusetts, Connecticut, New York, New Jersey, Pennsylvania e Rhode Island), transformadas em treze Estados soberanos, passaram a viver sob os "Artigos da Confederação". Após terem conquistado a independência na Guerra Revolucionária (1775-1783), os novos Estados enfrentavam grandes problemas de sobrevivência interna e de reconhecimento externo.

Cada Estado, como país independente, cuidava de seus próprios negócios sem se preocupar com os outros; havia doze moedas diferentes em circulação na Confederação, todas de pouco valor; Estados vizinhos taxavam as mercadorias uns dos outros; a Grã-Bretanha se recusava a reabrir os canais de comércio de que necessitavam as unidades confederadas; os governos dos novos Estados, com o apoio de seus Legislativos, recusavam-se a pagar as dívidas contraídas durante a Guerra da Independência; e o pior de tudo: as pessoas já começavam a pensar em pegar as armas novamente para resolver seus problemas.

Os líderes da Revolução entenderam que era chegada a hora de acabar com a confusão reinante e tentar trazer a paz e a ordem interna, por meio da organização de um governo nacional suficientemente forte. Um tipo de governo novo para conquistar a obediência interna e ganhar o respeito externo.

Representantes de cinco Estados encontraram-se em Annapolis (Maryland), em 1786, e propuseram que todos os Estados nomeassem delegados para uma reunião em Philadelphia, a fim de reverem os "Artigos da Confederação". O Congresso da Confederação aceitou a proposta e sugeriu que cada Estado selecionasse delegados para uma "Convenção Constitucional".

Em 25.5.1787, doze Estados enviaram seus delegados a Philadelphia os quais iniciaram os trabalhos (Rhode Island não mandou representantes porque não queria a criação de um governo nacional que viesse intervir nos negócios do Estado – todavia, ratificou a Constituição em 1790).

Durante aproximados 116 dias, os constituintes trabalharam arduamente e, em vez de reverem os Artigos da Confederação, elaboraram novo texto em que se criava o primeiro Estado Federal do mundo.

Em 17 de setembro de 1787, foi promulgada a Constituição americana. Em mais de 200 anos, a única Constituição americana teve mais de 7.000 propostas de emendas no Congresso, sendo que 33 foram aprovadas e só 27 foram ratificadas pelos Estados-Membros. As dez primeiras emendas (Declaração de Direitos) são de 1789.

a) Classificação da Constituição americana

Quanto à forma

Orgânica: a Constituição americana é orgânica porque os seus preceitos jurídicos estão reunidos em um só código escrito, formando um só corpo de normas básicas.

Sintética: a Constituição americana é sintética, não extensa, porque trata das matérias básicas do Estado americano, da União dos Estados americanos, em sete artigos originais e 27 emendas.

Quanto à origem

Dogmática: a Constituição americana é dogmática, legítima, porque foi elaborada e promulgada por uma Assembleia Nacional Constituinte, que se chamou "Convenção de Representantes", reunida na Filadélfia, em maio de 1787, e formada pelos delegados eleitos nos ainda Estados confederados. Depois de pronta, foi submetida aos treze Estados que compunham a Federação americana daquele tempo para ser ratificada.

Quanto à revisão

Rígida: a Constituição americana é rígida, porque, para ser emendada, exige um processo especial e um *quorum* difícil de ser obtido. Ela é a mais rígida das Constituições existentes. O seu artigo V estabelece que as emendas constitucionais só terão vigência se forem "aprovadas" por 2/3 dos componentes das duas Casas do Congresso e "ratificadas" por 3/4 das Assembleias Legislativas dos Estados-federados, hoje, em número de cinquenta.

b) Importância da Constituição americana

A importância da Constituição americana na Teoria Geral do Estado, no Direito Constitucional Geral e no Direito Constitucional Comparado, a nosso ver, reside, particularmente, nos seguintes aspectos:

b.1) Ela foi a primeira Constituição "orgânica" do mundo, isto é, seus preceitos jurídicos estão contidos em só código, de forma organizada e sistemática. Após 1787, as nações, com raríssimas exceções, passaram a adotar esse tipo de Constituição. Ela inovou como um documento hábil de ser consultado e conhecido, examinado e invocado nos momentos em que o cidadão ou o próprio Estado tivesse que demandar no foro do Direito Constitucional.

b.2) Ela foi a primeira Constituição a consagrar, na prática, a *Doutrina de Montesquieu*, separando os órgãos do Poder do Estado: o Legislativo, o Executivo e o Judiciário, consubstanciados ali no Congresso, no Presidente da República e na Suprema Corte.

Os americanos não só adotaram a trilogia "montesquiana" como a aprimoraram, por meio do "sistema de freios e contrapesos", elaborado por Madison, Hamilton e Jay, de tal maneira que os três órgãos do Poder sejam interdependentes (e não independentes) e harmônicos (e não antagônicos – contrários), levando à frente a grande engrenagem do Estado.

Pode-se dizer, aqui, que a Constituição americana criou no mundo o "Presidencialismo", porque os seus autores entenderam indispensável um Poder Executivo eficiente, individualizado numa pessoa responsável com autoridade para tomar iniciativas e colocá-las em prática.

b.3) Ela criou a primeira "Federação" do mundo, forma de Estado Composto até então inexistente e que consiste numa União mais perfeita entre os antigos Estados confederados, com base numa Constituição única, superior às Constituições dos Estados Federados. Um novo tipo de Estado Composto em que a União passa a ter soberania no plano internacional, enquanto os Estados-Membros, já agora federados, conservam para si a autonomia política e administrativa. Uma nova forma de União em que, tanto no plano federal quanto no plano estadual, há os três órgãos do Poder, criando, assim, dois planos harmônicos de governo.

6. AS CONSTITUIÇÕES BRASILEIRAS

Passamos, agora, a tratar das sete Constituições brasileiras, relacionando os fatos históricos responsáveis pelo surgimento de cada uma delas.

a) A Constituição de 1824 – Imperial

A Independência do Brasil, em 1822, fez surgir um novo Estado, advindo a necessidade de uma Constituição.

A "Constituição Política do Império do Brasil" foi a primeira Constituição brasileira e a que vigorou mais tempo, durante o primeiro reinado, a regência e o segundo reinado, sendo a única de todo o Império.

Quanto à forma era orgânica analítica. Quanto à origem, a Constituição foi outorgada por D. Pedro I, em 25 de março de 1824. Após a proclamação da Independência do Brasil (1822), houve a convocação de eleições para a Assembleia Nacional Constituinte. Realizadas estas, a Assembleia iniciou os seus trabalhos, mas o Imperador desentendeu-se com os seus membros, exatamente no período de redação dos poderes confiados ao monarca.

Com sua força, o Imperador autoritariamente dissolveu a Assembleia Geral Constituinte e nomeou uma comissão especial, aliás, composta de grandes nomes da inteligência jurídica brasileira, mas não eleita pelo povo. Dom Pedro I, por si, não tinha sido eleito para elaborar e promulgar uma Constituição, resultando daí uma Constituição outorgada, ilegítima.

Quanto à revisão, a Constituição do Império era rígida, como de resto todas as Constituições brasileiras, variando, apenas, o grau de rigidez no que tange ao processo de elaboração de emendas. Neste aspecto, a primeira Constituição do Brasil pode ser classificada como semirrígida, uma vez que o artigo 178 previa uma parte rígida, cujas alterações exigiam um processo legislativo especial, mais difícil do que o da lei ordinária, e outra parte flexível, em que as alterações podiam ser feitas pelo processo legislativo ordinário. ("Art. 178. É só Constitucional o que diz respeito aos limites e atribuições respectivas dos Poderes Políticos e aos Direitos Políticos e individuais dos cidadãos. Tudo o que não é Constitucional pode ser alterado sem as formalidades referidas pelas Legislaturas ordinárias.").

b) Constituição de 1891 – Primeira República

Em 1891, surge uma nova Constituição, porque, em 1889, fora proclamada a República. É a primeira Constituição da República, sendo orgânica analítica, quanto à forma, e rígida quanto à revisão.

A "Constituição da República dos Estados Unidos do Brasil" tem origem dogmática, porque elaborada e promulgada pelo Congresso Constituinte, com participação, entre outros, de Ruy Barbosa, Campos Salles, Prudente de Morais.

Ela rompeu com a forma monárquica de Governo, a forma unitária de Estado e o sistema parlamentar de Governo, instituindo a República, o Federalismo e o Presidencialismo no Brasil, tendo vigorado por 39 anos, de 24 de fevereiro de 1891 a 11 de novembro de 1930, quando a Revolução de 30 sagrou-se vitoriosa e instaurou o Governo Provisório de Vargas.

c) A Constituição de 1934 – Nova República

Com a Revolução de 1930, que se opôs ao coronelismo dos governadores – que tinha por base favores e obrigações aos governadores –, instalou-se o Governo Provisório, tendo como líder civil Getúlio Vargas. O caudilho gaúcho prometeu eleições imediatas, inclusive de uma Assembleia Nacional Constituinte, o que não foi cumprido desde logo, dando origem à Revolução de 1932, por meio da qual São Paulo exigia uma Assembleia Nacional Constituinte e a restauração do regime democrático.

Getúlio Vargas dominou a Revolução de 1932, mas não conseguiu dominar a opinião pública e convocou eleições em 1933. Foi eleita uma Assembleia Nacional Constituinte "pura", quer dizer, terminado o seu trabalho, ela estaria dissolvida. Eleita "exclusivamente" para elaborar e promulgar a Constituição.

Essa Assembleia Nacional Constituinte promulgou a "Constituição da República dos Estados Unidos do Brasil" em 16 de julho de 1934, dogmática, portanto, quanto à origem, sendo a mais dogmática de todas as que já tivemos, além de orgânica analítica quanto à forma, e rígida quanto à revisão.

A terceira Constituição brasileira de 1934, inspirada no novo constitucionalismo do pós-guerra de 1914/1918, sem deixar de conter a organização dos poderes e de assegurar os direitos individuais, alarga o campo da matéria constitucional, para introduzir a ordem econômica e social, a família, a educação e a cultura.

Ela teve duração efêmera, por apenas três anos, de 1934 a 10.11.1937, quando Getúlio Vargas deu o Golpe do Estado Novo.

d) Constituição de 1937 – Estado Novo

A quarta Constituição brasileira foi a "Constituição da República dos Estados Unidos do Brasil", outorgada pelo próprio Getúlio Vargas, em 10 de novembro de 1937.

Getúlio Vargas derrubou toda a estrutura política e ele próprio elaborou e promulgou uma Constituição, que tinha sido redigida pelo cientista político Francisco Campos.

Nessa Constituição, Francisco Campos previu: as representações políticas no Congresso Nacional, nos governos estaduais, tudo por meio de eleições, mas Getúlio Vargas não as convocou, ficando sozinho no poder. Os governadores de Estado eram por ele nomeados, e, por sua vez, nomeavam os prefeitos. Não havia senadores, deputados federais, deputados estaduais, nem vereadores, embora tudo estivesse previsto na Constituição. É a ditadura, o autoritarismo, que começa em 1937.

Quanto à forma, era orgânica analítica. Quanto à revisão constitucional era rígida, mas fixa de fato. Isto porque, Getúlio Vargas tinha elaborado a Constituição e, depois, ele próprio elaborou as dez emendas ao seu texto. Assim, a Constituição de 1937 foi emendada pelo próprio poder constituinte que a elaborou, portanto, fixa de fato.

e) Constituição de 1946 – Liberal

Getúlio Vargas foi derrubado em 1945, sendo necessária uma nova Constituição, pois aquela que vigorava tinha sido elaborada por ele e para ele. Era preciso outra.

A quinta constituição brasileira foi a "Constituição dos Estados Unidos do Brasil", promulgada pela Assembleia Constituinte, em 18 de setembro de 1946, restaurando a democracia no Brasil.

A Constituição de 1946, pós-guerra, manteve as inovações introduzidas pela Constituição de 1934 e ampliou o campo constitucional em matérias referentes aos direitos econômicos e sociais.

Uma Constituição denominada Liberal e o foi realmente. Orgânica analítica, quanto à forma. Dogmática, quanto à origem, e rígida, quanto à revisão. Ela vigorou por 21 anos, sabendo-se que de 1964 a 1967 ela foi posta de lado várias vezes, com a predominância dos atos institucionais.

f) A Constituição de 1967 – "Revolução de 1964"

A sexta constituição brasileira é a "Constituição da República Federativa do Brasil", outorgada pelo Congresso Nacional (que não fora eleito com o Poder Constituinte Originário). Rígida, quanto à revisão, e orgânica analítica, quanto à forma.

A Constituição de 24 de janeiro de 1967 surgiu em decorrência do golpe de 1964, a chamada "Revolução Gloriosa de 31 de março de 1964". O governo revolucionário percebeu que não poderia governar com a Constituição de 1946, e precisava de um instrumento forte de governo.

A Constituição de 1967 resultou do trabalho do Congresso Nacional, convocado extraordinariamente pelo Ato Institucional n. 4, de 7 de dezembro de 1966, para, no período de 12 de dezembro de 1966 a 24 de janeiro de 1967, discutir, votar e promulgar o Projeto de Constituição de iniciativa do Presidente da República. Ao contrário da Constituição de 1946, a de 1967 fortaleceu o Poder Executivo e a autoridade do Presidente da República, convertendo-o também em legislador.

Não obstante o autoritarismo presidencial consagrado na Constituição então vigente, adveio a Emenda Constitucional n. 1, de 17 de outubro de 1969, outorgada pelos Ministros da Marinha, do Exército e da Aeronáutica. Essa alteração constitucional expandiu ainda mais os poderes presidenciais, que passaram a suspender direitos políticos, cassar mandatos eletivos federais, estaduais e municipais, remover, aposentar ou colocar em disponibilidade os titulares de garantias constitucionais de vitaliciedade, inamovibilidade e estabilidade, decretar o recesso do Congresso Nacional, das Assembleias Legislativas e Câmaras Municipais, além de decretar a intervenção nos Estados e Municípios, sem os limites constitucionais, e o confisco de bens.

A Emenda Constitucional n. 1 era tão extensa que foi afoita e erroneamente chamada de Constituição de 1969. Esta denominação, evidentemente, não está correta, pois a própria emenda textualmente diz que a maior parte da Constituição de 24 de janeiro de 1967 deve ser mantida em vigor.

g) A Constituição de 1988 – Pós-Revoução de 1964 – "Cidadã"

A opinião pública exigiu, com a proximidade do fim do mandato do Presidente João Figueiredo, uma nova Constituição para o Brasil. "Constituinte já" era a palavra de ordem. A Emenda n. 26, de 27 de novembro de 1985, em seu art. 1º, estabeleceu: "Os membros da Câmara dos Deputados e do Senado reunir-se-ão, unicameralmente, em Assembleia Nacional Constituinte livre e soberana, no dia 1º de fevereiro de 1987, na sede do Congresso Nacional".

Vieram, então, as eleições para o Congresso, com poder constituinte originário. Por consequência, a atual Constituição é dogmática, porque foi elaborada e promulgada por uma Assembleia Nacional Constituinte eleita, embora tivesse o nome de Congresso Constituinte. Mas o que importa é a convocação e realização da eleição.

A sétima Constituição brasileira é a "Constituição da República Federativa do Brasil", promulgada em 5 de outubro de 1988. É orgânica analítica, quanto à forma, e rígida, quanto ao processo de revisão.

7. AS CONSTITUIÇÕES MINEIRAS

Enquanto o Brasil foi monarquia, a sua estrutura jurídico-política era a de Estado Unitário, cujas divisões geográficas, chamadas Províncias, não tinham autonomia política, apenas descentralização administrativa.

Com a Proclamação da República, em 1889, e a adoção do Federalismo, na Constituição Brasileira de 24 de fevereiro de 1891, é que o Poder Constituinte Decorrente foi exercido pela primeira vez no Brasil. O resultado, em Minas Gerais, foi a Constituição Política do Estado, promulgada em 15.6.1891.

Após cada Constituição da República (1934, 1937, 1946, 1967 e 1988), o Poder Constituinte Decorrente viria a se repetir em Minas Gerais, já que a Federação vem sendo mantida como forma de Estado nacional.

– Como já mencionado, em 15 de junho de 1891, a "primeira Constituição mineira" foi promulgada, ainda em Ouro Preto, pelo Congresso Constituinte do Estado. Ela vigorou até 1935.

– No dia 30 de julho de 1935 foi promulgada a "segunda Constituição", pela Assembleia Constituinte, em Belo Horizonte. A Constituição de 1935 teve sua vigência plena interrompida com o Golpe do Estado Novo de Getúlio Vargas.

– A "terceira Constituição" reflete o ambiente ditatorial vigente no país em 1945. Numa tentativa tardia, em 29 de outubro de 1945 foi outorgada a Constituição mineira, que teve vida efêmera, pois Getulio Vargas foi destituído em 29 de outubro de 1945 e com ele caiu toda a sua "organização".

– A "quarta Constituição" foi elaborada e promulgada por uma Assembleia Constituinte, em 14 de julho de 1947, e vigorou até 1967.

– A "quinta Constituição" do Estado de Minas Gerais entrou em vigor em 13 de maio de 1967, foi outorgada pela Assembleia Legislativa do Estado, que não fora eleita com a missão de elaborar e promulgar a Constituição.

– A "Constituição atual" é a de 1989, elaborada e promulgada por uma Assembleia Estadual Constituinte em 21 de setembro de 1989.

LEITURAS COMPLEMENTARES

Leitura 1:
POR UMA CONSTITUIÇÃO LEGÍTIMA

É sumamente gratificante para o professor de "Teoria Geral do Estado", que, desde 1976, quando do início de suas aulas na Faculdade de Direito "Milton Campos", vem batendo-se pela ideia de que urge uma nova Constituição no Brasil, ver sua tese diuturna sair vitoriosa num Congresso, que reuniu em Belo Horizonte os nomes mais expressivos do Direito Constitucional no Brasil.

Desde ao preparar as aulas de minha primeira turma, especialmente no ponto do programa que se refere ao "Poder Constituinte", adotei para mim e transmiti aos meus alunos a posição de que se fazia necessário o movimento de "reconstituição" da Nação.

Isto sem sair do campo da Teoria Geral do Estado: quer dizer, sem qualquer posição político-partidária. E assim, o fiz porque entendi, como entendo, que, antes de mais nada, nossa atual Constituição padece de um "pecado original". Ela não é "dogmática" ou "legítima", visto não ter sido elaborada por uma Assembleia Nacional Constituinte, único órgão capaz de representar, com legitimidade, a vontade popular para a manifestação do Poder Constituinte Originário. A Constituição de 1967 foi elaborada e promulgada (sobre projeto oriundo do Executivo e do qual, é preciso salientar, não constava o título "Da Declaração de Direitos") pelo Congresso Nacional, formado, é verdade, de representantes do povo, mas não eleitos com o poder constituinte originário, o que lhes foi outorgado, de cima para baixo, pelo Ato Institucional n. 4, de 7.12.66, que fixava o dia 24 de janeiro de 1967 para promulgação da nova Carta, encerradas ou não as discussões e a votação.

Maculada, assim, pela imposição, desde o início, a Constituição, já ilegítima, em sua origem, sofreria ainda a radical Emenda n. 1, de 30.10.69. Tal emenda, que alterou profundamente o texto constitucional, a ponto de ser enganosamente chamada de Constituição de 1969, foi promulgada pelos três ministros militares, no exercício do governo, quando se sabe que o Poder de Revisão deve ser exercido, aí, sim, pelo Legislativo.

E mais: das outras emendas que vêm, casuisticamente, alterando o texto original até os nossos dias, duas (as n. 7 e n. 8), justamente as mais abrangentes, foram obras do Executivo, durante recesso decretado ao Congresso Nacional.

Tudo isso, além dos atos institucionais, cujos efeitos ainda se fazem sentir, conduziu ao descrédito evidente e esperado de nossa Magna Carta.

Nas minhas aulas, em artigos de jornal e no meu discurso de paraninfo, dirigido à 3ª turma da "Milton Campos", em 16.7.1980, procurei mostrar, sem abandonar o campo da Teoria do Estado, o quadro desalentador de nossa ordem jurídica.

Para tanto, buscava apoio nos mestres do Direito, como por exemplo: Rousseau, segundo o qual, o "poder constituinte é uma função da vontade geral"; ou Montesquieu, para quem, "quando numa república, o povo, como um todo, possui o poder soberano, trata-se de uma democracia"; ou Jefferson, que diz: "Considero o povo que constitui a sociedade ou a nação como fonte de toda a autoridade"; ou Heller, conforme o qual o reencontro do Estado com a Nação só poderá ser feito juridicamente na democracia, "de baixo para cima", buscando a força geratriz no princípio da soberania popular; ou Tocqueville, para quem a "soberania não pode ficar enterrada ou exposta em santuário e, sim, deve ser posta em ação, com seus acertos e enganos, mas, sem dúvida, por seu legítimo titular, o povo"; ou Marcello Caetano que diz: "Há um poder supremo; o poder que a sociedade política possui de elaborar o pacto de sua organização, ou seja, a sua constituição"; ou Jorge Miranda, quando diz que "a tendência universal é a de converter os súditos em cidadãos completos, a de elevar os homens na cidade de simples sujeitos ao poder a verdadeiros sujeitos do poder".

E agora, ao se encerrar, com absoluto sucesso, o *III Congresso Brasileiro de Direito Constitucional*, realizado em Belo Horizonte, vejo a unanimidade de um pensamento brasileiro, vivo e atual: nas palavras profundas de Afonso Arinos de Melo Franco, quando da abertura do Congresso; nas teses entusiasticamente defendidas pelos congressistas; na "Carta dos Constitucionalistas reunidos em Belo Horizonte", tão bem elaborada pelos professores José Alfredo Baracho, Michel Temer, Celso Bastos, Edgard Silveira Bueno, Mizabel de Abreu Derzi, Francisco Assis Alves, Valmir Pontes Filgo e Gastão Alves Toledo; na aprovação do mesmo documento por todo o plenário do Congresso, onde despontavam, naquela tarde memorável, entre outros e além dos signatários da Carta, a experiência de um Orlando Carvalho, a serenidade de um Raul Machado Horta, a eficiência de um Wilson Accioly, a coerência de um Washington Albino, a firmeza de um Seabra Fagundes, a elegância de uma Rosah Russomano, o brilho de um Celso Antônio Bandeira de Mello.

Todos com o pensamento uníssono na conclusão tranquila, científica, jurídica e política do Congresso:

> Por isso, este Congresso traz à Nação a ideia de que a fonte geradora da vigente Constituição é ilegítima. Porque não provinda da vontade popular. Ademais, por esta razão, contém vícios de conteúdo, tais como a excessiva centralização do poder, a restrição às prerrogativas do Legislativo, o amesquinhamento do Judiciário, a indébita confusão entre as ideias de segurança nacional e segurança do governo. O ideal é uma nova Constituição, fruto de Assembleia Constituinte. (FIUZA, Ricardo A. Malheiros. Estado de Minas, 27 maio 1982)

Leitura 2:
CONSTITUIÇÕES PROMULGADAS

Todos os semestres, quando ministro aos meus caros alunos do 2º período da "Milton Campos", a matéria referente aos tipos de Constituição quanto à sua "origem", noto que a maioria deles (quase a totalidade) tem uma ideia errada que lhes vem de ensinamentos do curso secundário e, às vezes, de cursos superiores e mesmo de livros, jornais e revistas que tratam do assunto. É que quase todos acham que, quanto à origem, as constituições podem ser "outorgadas" (impostas) ou "promulgadas" (legítimas).

Aí é que está o grave defeito de classificação. O adjetivo "promulgada" nada tem a ver com a "origem" da Constituição. Já dizia enxutamente o velho e respeitado dicionarista Doutor Frei Domingos Vieira, da Ordem dos Eremitas Calçados de Santo Agostinho – em seu precioso *Thesouro da Língua Portuguesa* – que "promulgar é publicar". Outra não é a definição do moderno Aurélio Buarque de Holanda em seu *Novo Dicionário da Língua Portuguesa:* "Promulgar é ordenar a publicação da lei; transmitir ao vulgo; tornar público; publicar oficialmente."

Isto significa, é claro e evidente, que a Constituição, como lei maior que é, seja qual for sua origem (legítima ou ilegítima) tem que ser "promulgada" para entrar em vigor. Todas as Constituições, pois, são promulgadas.

A correta classificação das Constituições, quanto à origem, deve ser a de "dogmáticas" (ou legítimas, verdadeiras, populares, democráticas), quando elaboradas e promulgadas por um órgão coletivo eleito pelo povo com o poder constituinte originário, ou seja, um órgão que mereça o nome de "Assembleia Nacional Constituinte"; e "outorgadas" (ou ilegítimas, impostas), quando elaboradas e promulgadas por qualquer órgão (mesmo coletivo) que não tenha sido eleito previamente com a tarefa de exercer o poder constituinte originário.

Assim, dogmática, por exemplo, é a Constituição da Espanha, elaborada e promulgada, em 1978, pelas *Cortes Generales*, eleitas especificamente, embora não exclusivamente, para fazê-la e, ainda, corajosamente submetida a um vitorioso *referendum* popular. Dogmática é a Constituição portuguesa, elaborada e promulgada, em 1976, por uma Assembleia Constituinte "pura", eleita exclusivamente para editá-la. Já "outorgada", por exemplo, é Constituição do Chile, elaborada e promulgada, em 1980, pela *Junta de Gobierno* e, depois, submetida a um "plebiscito" mentiroso, já que realizado numa população sem a mínima garantia de direitos individuais. Outorgada também é a Constituição do Iraque, elaborada e promulgada "provisoriamente", em 1958, por um Conselho Soberano, composto de três membros. Tal Constituição continua em vigor num país que nem tem Legislativo...

No caso brasileiro, "outorgadas" foram as Constituições de 1824 (D. Pedro I), de 1937 (Getúlio Vargas) e de 1967 (Congresso Nacional, eleito sem poder constituinte originário e pressionado a fazê-la pelo Comando Revolucionário, que, em 1969, ilegitimamente, promulgaria a Emenda n. 1). Dogmáticas ou legítimas, no Brasil, foram as de 1891, de 1934 e de 1946, ressaltando-se que a de 1934 foi a única elaborada por Assembleia Nacional Constituinte "pura". As duas outras foram editadas pelo Congresso Nacional, eleito com a força originária. O mesmo acontece com a atual Constituição, também elaborada por um Congresso Constituinte. Porém, todas, as legítimas e as ilegítimas, foram *promulgadas*, isto é, tornadas públicas para entrarem em vigor. (FIUZA, Ricardo A. Malheiros. *Estado de Minas*, 30. out. 1990)

9º Capítulo
OS "PODERES" CONSTITUÍDOS

1. INTRODUÇÃO

O Estado como sociedade política é dotado de poder político e jurídico cujo exercício decorre de uma vontade.

Desta maneira, assim como a pessoa natural, também o Estado possui vontade. No entanto, e evidentemente, o Estado não é uma pessoa natural, mas, uma pessoa jurídica.

Dalmo de Abreu Dallari destaca que "a concepção do Estado como pessoa jurídica representa um extraordinário avanço no sentido da disciplina jurídica do interesse coletivo". Para esse autor, tal concepção pode ser atribuída inicialmente aos contratualistas, por meio da ideia de coletividade ou povo como unidade, com interesses diversos dos de cada um de seus componentes, bem como de uma vontade própria, também diversa das vontades de seus membros isoladamente considerados. Todavia, apenas, no século XIX, a obra dos publicistas alemães completaria o desenvolvimento da ideia do Estado como pessoa jurídica. (DALLARI, Dalmo de Abreu. *Elementos de teoria geral do Estado*, p. 121)

A compreensão do Estado como unidade organizada, uma pessoa jurídica, que possui vontade própria, possibilita a conciliação do político com o jurídico. Isto porque, somente as pessoas, naturais ou jurídicas, podem ser titulares de direitos e obrigações. Desta maneira, o Estado, reconhecido como pessoa jurídica, tem sua ação limitada pelo direito no seu relacionamento com os cidadãos.

O Estado, como pessoa jurídica, não tem vontade e ação do ponto de vista psicológico, mas jurídico. A vontade estatal se forma e se manifesta pelas pessoas físicas, na qualidade de seus agentes, que agem como órgãos do Estado. Portanto, a vontade da pessoa jurídica é expressa pelos órgãos que a compõem: trata-se de uma vontade funcional.

O objetivo deste capítulo é mostrar a divisão funcional dos órgãos de poder do Estado. Por isso colocamos entre aspas a expressão "poderes" no título do capítulo, porque, embora seja clássica a expressão "separação dos poderes", o poder do Estado é uno, quanto à sua titularidade (povo), porém, quanto ao seu exercício, é dividido em três grandes órgãos: Legislativo, Executivo e Judiciário.

2. "A SEPARAÇÃO DE PODERES" – CONSIDERAÇÕES HISTÓRICAS

A preocupação de se evitar a concentração do poder em uma pessoa ou órgão remonta à antiguidade. O pensamento dos antigos filósofos, ainda que não tenha formado um sistema doutrinário, contribuiu para a teoria da "separação dos órgãos do poder" concebida por Montesquieu e já defendida por Locke.

A cogitação mais antiga sobre a separação de poderes surge com Aristóteles que menciona a existência de três poderes em todo governo: o deliberativo, o executivo e o judiciário. Em sua análise adverte sobre o perigo do poder exercido pela vontade de um homem, sujeito como os demais às suas paixões.

Maquiavel, em *O príncipe*, informa que, no início do século XVI, na França, havia inúmeras instituições. Entre elas, seriam as principais: o Parlamento (Legislativo), o rei (Executivo) e um juiz (Judiciário). Tal organização daria maior liberdade e segurança ao rei, poupando-o de ser acusado pelos grandes de proteger o povo e de ser acusado pelo povo de favorecer os grandes. (MACHIAVELLI, Niccolò. *O príncipe*, p. 90)

De acordo com a realidade estatal inglesa, a obra de Locke é distinguida como a primeira doutrina sobre a separação de poderes. Ele aponta quatro funções fundamentais exercidas por dois órgãos de poder (Legislativo e Executivo): a função legislativa, que elabora as leis e que caberia ao Parlamento; a função executiva, compreendendo a execução das leis internas da sociedade sobre todos aqueles que dela fazem parte, porém desdobrada em função federativa, referente ao direito de realizar a paz e a guerra, de celebrar alianças e ligas, e demais transações que devessem ser tratadas com todas as pessoas e sociedades políticas externas; por último, a função prerrogativa atribuída ao príncipe para fazer o bem comum, deliberando a seu critério nas muitas questões não previstas nas leis. O Judiciário, enquanto poder independente, não é mencionado expressamente na teoria lockeana. Porém, a importante função de solucionar as controvérsias parece estar compreendida, tanto no âmbito do Poder Executivo quanto do Poder Legislativo. (LOCKE, John. *Dois tratados sobre o governo*, São Paulo: Martins Fontes, p. 459/460).

Finalmente, no século XVIII, Charles-Louis de Secondat, o Barão de Montesquieu, sistematizou o princípio da separação dos órgãos e especialização das funções de poder, na famosa obra *O espírito das leis*, de 1748.

Disse Montesquieu: "Para que não se possa abusar do poder, é preciso que, pela disposição das coisas, o poder limite o poder."

E, ainda: "Para que o poder limite o poder, é preciso que haja a separação de órgãos, a especialização de funções e a cooperação entre esses órgãos."

Mais adiante acrescentou:

> Existem em cada Estado três tipos de poder: o poder legislativo, o poder executivo das coisas que dependem do direito das gentes e o poder executivo daquelas que dependem do direito civil. Com o primeiro, o príncipe ou o magistrado cria leis por um tempo ou para sempre e corrige ou anula aquelas que foram feitas. Com o segundo, ele faz a paz ou a guerra, envia ou recebe embaixadas, instaura a segurança, previne invasões. Com o terceiro, ele castiga os crimes, ou julga as querelas entre os particulares. Chamaremos a este último poder de julgar e ao outro simplesmente poder executivo do Estado. (MONTESQUIEU. *O espírito das leis*, p. 166-167).

Entendia o pensador francês que o poder do Estado é um só: uma força. Porém, essa força existe para exercer três funções distintas. Uma, é a de legislar, outra, de administrar, e a terceira, se preciso for, é a de julgar. Ele assinalou que, se estas três funções estiverem nas mãos de um só órgão e, pior ainda, de uma só pessoa, estaríamos, evidentemente, diante do absolutismo, ou diante do que se chama modernamente de ditadura.

Preconizou então que, para o poder limitar o próprio poder, só há uma solução, a "separação de órgãos". Cada órgão deve ter sua especialização, cada um exercer uma função, e, se são três órgãos de um mesmo Estado para exercer o mesmo poder, é preciso que estes órgãos cooperem entre si.

O princípio de Montesquieu foi afirmado e adaptado por Hamilton, Madison e Jay na doutrina exposta em *O federalista*, denominada "sistema de freios e contrapesos". Os constitucionalistas norte-americanos, em análise ao princípio da "separação dos poderes", expuseram que este axioma político não exige a separação absoluta dos três poderes e afirmaram a necessidade de uma tal ligação que dê a cada um deles o direito constitucional de fiscalizar os outros. Para esse fim, expõem: "Depois de ter separado em teoria os diferentes Poderes Legislativo, Executivo e Judiciário, o ponto mais importante é defendê-los em prática das suas usurpações recíprocas." (HAMILTON, Alexander; MADISON, James; JAY, Jonh. *O federalista*, p. 305).

A Revolução Francesa, na Declaração dos Direitos do Homem e do Cidadão, proclamou o princípio da "separação dos poderes", erigindo no art. 16: *"Toute societé dans laquelle la garantie des droits n'est pas assurée, ni la séparation des pouvoirs déterminée, n'a point de constitution."*. A partir daí, essa exigência passou a constar em quase todas as Constituições do mundo.

A separação dos órgãos de poder não pode ser entendida de modo absoluto, mas, de maneira formal. A clássica doutrina de Montesquieu não estabelece a independência plena dos três órgãos de poder. O que ocorre é uma constante interpenetração entre os órgãos de poder, como uma engrenagem, de maneira que nenhum ato de governo seja de responsabilidade de um só dos órgãos do poder. O melhor exemplo pode ser ilustrado pela elaboração de uma lei: o Legislativo elabora a lei, o Executivo sanciona ou veta a lei, e o Judiciário interpreta a lei com definitividade e exerce o controle de constitucionalidade.

Por isso, os três órgãos de poder somente são independentes no que se refere à organização de seus serviços e ao exercício das atribuições que lhes são próprias em caráter preponderante, observada a

Constituição e as leis, mas se entrosam e se subordinam mutuamente na consecução da contenção do poder pelo poder.

Na realidade, os Poderes Legislativo, Executivo e Judiciário desempenham as suas funções de modo preponderante e não exclusivo, podendo cada um deles realizar, excepcionalmente, uma função material do outro Poder, de maneira acessória.

Observe-se, finalmente, que, a cada dia, a evolução da sociedade exige constante aprimoramento do Estado. Em consequência, a ideia de separação rígida dos órgãos do poder fica cada vez mais afastada, surgindo, então, soluções que possibilitem ampliar a eficiência do Estado, tais como: a delegação de poderes e a transferência constitucional de competências. Essas soluções revelam que as transformações na sociedade direcionam para maior adaptação e interdependência entre os órgãos de poder do Estado.

3. O LEGISLATIVO

a) Tarefa principal

A função legislativa cria e modifica o ordenamento jurídico, mediante a edição de normas abstratas, gerais, impessoais e com novidade. O legislativo possui, também, a função de fiscalizar. No Brasil, a fiscalização contábil, financeira, orçamentária e patrimonial é feita com o auxílio do Tribunal de Contas.

b) Sistemas de Legislativo

Depois de pronta a Constituição, a primeira função do poder é legislar e é por essa razão que o Poder Legislativo aqui aparece em primeiro lugar. Por todo o mundo, os Estados têm os seus legislativos, que não são iguais entre si, podendo mesmo dizer que não há Estado cujo legislativo seja exatamente igual a de outro.

Apesar disso, pode-se agrupá-los em dois grandes sistemas importantes: o unicameral e o bicameral.

Antes de tratar desses dois sistemas, Marcello Caetano, o notável jurista português, realça que o órgão legislativo deve ser chamado de Assembleia ou Parlamento, dependendo de, respectivamente, ter funções legislativas ou, além delas, as de governo. A

Assembleia se aplica ao legislativo das Repúblicas presidencialistas (Brasil) e das Monarquias Monocráticas (Bélgica), quando o presidente, ou o rei, é chefe de Estado e de Governo. O Parlamento deve ser empregado nas Repúblicas Parlamentaristas (Itália) ou nas Monarquias Dualistas (Espanha), quando o presidente, ou o rei, é chefe de Estado e o Primeiro-Ministro, escolhido pelo Parlamento, é chefe de Governo.

b.1) Sistema legislativo unicameral

Como a própria palavra indica, significa que o legislativo é exercido por uma só câmara ou casa legislativa de âmbito nacional, que representa o povo, devendo, por isso, ser escolhida por eleição direta.

Ex.: Portugal, cuja Assembleia da República legisla para todo o território português, sem necessidade de duas casas.

b.2) Sistema legislativo bicameral

O sistema bicameral é aquele que abrange duas câmaras legislativas, ou seja, um único legislativo, mas com duas casas. Há, na Teoria Geral do Estado, uma denominação genérica para distinguir essas duas casas, que vale para todos os Estados do mundo que tenham legislativo bicameral: "Câmara Baixa" e "Câmara Alta".

A Câmara Baixa é mais importante que a Alta, embora a expressão baixa possa parecer inferior. Isso porque a Câmara Baixa está mais próxima do povo, daí advindo a denominação "baixa". A Câmara Baixa, portanto, representa o povo. Logo, para a sua eleição, deve ser utilizada a via direta.

A Câmara Alta não tem, necessariamente, que ser eleita diretamente. Dessa forma, não há uma classificação de Legislativos quanto às Câmaras Baixas, já que todas representam o povo.

A Câmara Alta tem sua composição variável, podendo ser composta de diversas formas, por meio de vários sistemas de escolha.

No bicameralismo, a Câmara Alta é variável na sua composição, na sua escolha e nas suas tarefas. Dessa forma, é em função da Câmara Alta que podemos distinguir os diversos tipos de bicameralismo.

c) Tipos de bicameralismo quanto à Câmara Alta

c.1) Aristocrático

É aquele em que a Câmara Alta é formada pela nobreza. O sistema é chamado aristocrático porque apenas uma parcela da sociedade pode pertencer à Câmara Alta, formada por aqueles que possuem um título de nobreza. Ex.: Grã-Bretanha. O Parlamento britânico é formado por duas casas. A Câmara Alta, *House of Lords*, é composta por nobres em número ilimitado, os "Lordes Temporais" (vitalícios) e os "Lordes Espirituais" (arcebispos e bispos da Igreja Anglicana). A Câmara Baixa, ou *House of Commons*, é formada por 635 membros, eleitos por sufrágio direto e universal nos círculos territoriais. As eleições devem ser realizadas de cinco em cinco anos, nos termos do *Parliament Act* (1911), um dos documentos da Constituição inorgânica do Reino Unido. Numa e noutra Câmara há cadeiras reservadas para a Inglaterra, a Escócia, o País de Gales e a Irlanda do Norte, garantindo a representatividade dos antigos Estados, hoje, incorporados. É preciso ressaltar, sem entrar na complexidade do Executivo britânico, que o primeiro-ministro, que é chefe de Governo, é escolhido pela Câmara dos Comuns.

c.2) Técnico

É aquele que possui a Câmara Alta formada por elementos especializados nos diversos campos da Administração Pública. Exs. históricos: Portugal e Áustria.

c.3) Conservador ou sistemático

O bicameralismo é dito conservador quando a Câmara Alta é formada por elementos cuja idade mínima exigida é superior à idade mínima exigida para a Câmara Baixa. Ex.: Itália e França. A finalidade da Câmara Alta no bicameralismo conservador é moderar a impetuosidade da Câmara Baixa. Este é o único tipo de bicameralismo em que a Câmara Alta pode ser denominada Senado, palavra que, na origem, quer dizer colegiado formado por homens mais experientes, de idade mínima superior.

A França possui um Legislativo bicameral conservador, denominado Parlamento, que é constituído: pela Assembleia Nacional, cuja legislatura é de cinco anos, formada por "deputados eleitos" por voto direto, representantes do povo, que devem ter no mínimo 23 anos, e pelo Senado, composto por "senadores eleitos" pelo voto indireto, por nove anos, com renovação trienal de um 1/3, representam "as coletividades territoriais da República", que devem ter idade mínima de 35 anos.

A Itália possui um Legislativo bicameral conservador, denominado Parlamento, a idade mínima para os deputados é de 25 anos e para os senadores é de 40 anos. Fazem parte vitalícia do Senado todos os ex-presidentes da República. Por sua vez, o presidente em exercício pode nomear cinco senadores vitalícios entre cidadãos "*che hanno ilustrato la Patria per altissimi meriti nel campo sociale, scientifico, artístico e letterario*".

c.4) Federal

É aquele cuja Câmara Alta é formada por representantes dos Estados-Membros da Federação, em número fixo e igualitário. Não há diferença no requisito idade. Ex.: Suíça – o órgão político-legislativo supremo da Suíça é a Assembleia Federal composta da seguinte maneira: pelo Conselho Nacional – Câmara Baixa, que representa o povo, composta por 200 deputados eleitos, para mandato de 4 anos, e pelo Conselho dos Estados – Câmara Alta, que representa os cantões – é composta por dois deputados de cada cantão e um de cada semicantão, "num total de 44 membros".

c.5) O Legislativo no Brasil

No caso do Brasil e dos Estados Unidos, o Legislativo da União é "Bicameral Federal Conservador".

No Brasil, o Legislativo bicameral federal conservador é o Congresso Nacional composto pelo Senado e pela Câmara dos Deputados. O Senado – Câmara Alta – é composto por três senadores de cada Estado federado e do Distrito Federal, eleitos entre cidadãos com mais de 35 anos, e a Câmara dos Deputados – Câmara Baixa – formada pelos representantes do povo em número proporcional à respectiva população de cada Estado federado com idade mínima de 21 anos.

c.6) O Legislativo nos Estados Unidos

Nos Estados Unidos, o Congresso americano é composto pela Câmara dos Representantes e pelo Senado. O Senado – Câmara Alta – tem 100 senadores, dois para cada Estado-Membro, eleitos diretamente para mandato de seis anos, entre cidadãos com mais de 30 anos, com renovação de 1/3 a cada dois anos, e a Câmara de Representantes – Câmara Baixa, com 435 membros, eleitos diretamente por dois anos, entre cidadãos de 25 anos de idade mínima.

4. O EXECUTIVO

a) Tarefa principal

Executar é o mesmo que realizar, levar a efeito. A função executiva ou administrativa é aquela pela qual o Estado realiza os seus objetivos, atuando por meio de decisões e atos materiais, observadas a Constituição e as leis.

b) Estruturas do Executivo

Quando se fala em parlamentarismo, presidencialismo, semipresidencialismo e em governo diretorial, trata-se da estrutura de Executivo, ou tecnicamente, de sistemas de governo e não formas de governo (que são, apenas, Monarquia e República). O sistema de governo tem como base o modo como se relacionam os órgãos de Poder do Estado, em especial, o Executivo e o Legislativo.

As principais estruturas de Executivo encontradas no Direito Constitucional Comparado são: a Monocrática, a Dualista e a Colegiada.

b.1) Estrutura monocrática

Na estrutura monocrática de Executivo tem-se uma só pessoa exercendo o poder, não significando absolutismo ou ditadura, por estarmos tratando de um Estado que possui todos os órgãos de poder (Legislativo, Executivo e Judiciário). Assim, nessa estrutura monocrática, uma só figura ocupa o Poder Executivo, sendo, ao mesmo tempo, Chefe de Estado e Chefe de Governo. Relembrando, temos que o Chefe de Estado é a figura máxima na representação do próprio Estado, é o porta-voz número um, é aquele que fala para o exterior, tanto quanto para o interior do próprio Estado. O Chefe de Governo, por sua vez, é o que dirige a máquina administrativa do Estado, agindo mais para o interior do próprio Estado. Essas duas funções, portanto, na estrutura monocrática, acham-se localizadas numa só figura.

Tal estrutura pode ocorrer em qualquer das duas formas de governo. Quando ocorre na monarquia, tem-se a "monarquia limitada constitucional", na qual a única figura que ocupa o Executivo é o monarca, tenha ele título de rei, de imperador, de príncipe, de duque, ou qualquer outro título monárquico. Exemplos de monarquias que têm essa estrutura monocrática: Bélgica, Holanda, Dinamarca, Suécia e Noruega. Entretanto, em tais países pode haver (e realmente há) a figura do primeiro-ministro, podendo parecer que a estrutura é dualista. Todavia, nestes casos, o primeiro-ministro é apontado pelo monarca e presta satisfação de seus atos a ele, valendo como um chefe de Ministério, por ser o monarca chefe de Estado e chefe de Governo. O primeiro-ministro aparece como coordenador de todo o Ministério. Em vez de o monarca despachar com cada um dos ministros, ele se entende com o primeiro-ministro, que, por sua vez, vai reunir-se com os ministros, mas a responsabilidade continua a ser perante o monarca, devendo-lhe obediência estrita.

A figura do monarca, chefe de Estado e chefe de Governo, na monarquia limitada constitucional, surge da combinação da hereditariedade com a vitaliciedade.

Em relação às repúblicas, aquela que adota a estrutura monocrática de Executivo é a "república presidencialista". Nela, a figura que ocupa, sozinha, as funções de chefe de Estado e de chefe de Governo, ao mesmo tempo, é o Presidente da República. Aí, os ministros dão satisfação de seus atos ao Presidente. Na República presidencialista não se usa a figura do primeiro-ministro. No máximo, pode-se ter o ministro "coordenador". Na verdade, os ministros, na República presidencialista, são apontados e demitidos pelo presidente. Exemplos de repúblicas presidencialistas típicas: Estados

Unidos da América do Norte e Brasil. O Brasil, desde que criou a sua República (proclamada em 1889 e instituída em 1891), sempre foi presidencialista, exceção feita ao pequeno período de nossa história, depois da renúncia de Jânio Quadros, quando foi adotado um parlamentarismo às pressas, derrubado depois por um "plebiscito".

Na república presidencialista, o Presidente é eleito pelo povo, em eleição direta ou indireta, sem participação do Legislativo. Direta, caso o povo vote em seu próprio nome, elegendo um dos candidatos à presidência da república, como no Brasil. Indireta, caso o povo eleja um colégio eleitoral que irá escolher o Presidente, frise-se, aqui é imprescindível que não haja interveniência do Legislativo na eleição presidencial, tal como ocorre nos Estados Unidos da América do Norte e no Brasil.

b.2) Estrutura dualista

No que diz respeito à estrutura dualista, como o próprio nome está a indicar, temos duas figuras, uma para ser chefe de Estado e a outra para ser chefe de Governo. A estrutura dualista, como a monocrática, pode ocorrer nas duas formas de governo, tanto na Monarquia, quanto na República.

Quando acontece na monarquia, caracteriza a "monarquia limitada constitucional parlamentar", que tem, no Executivo, a existência de duas figuras distintas para a chefia de Estado e para a chefia de Governo. O monarca é chefe de Estado, projetando-se mais a sua ação moderadora no campo interno e sua ação representativa no campo externo, e o primeiro-ministro é chefe de Governo, ficando com a direção político-administrativa no campo interno do país, ou seja, a orientação política geral, mediante permanente atividade voltada para a realização dos objetivos governamentais e tomada de decisões nos diversos setores da realidade do Estado. Exemplos vivos, de hoje, de monarquia limitada constitucional parlamentar: Grã-Bretanha, Espanha e Japão. A Grã-Bretanha criou este sistema, que foi adotado pelo Japão e também pela Espanha.

Na monarquia limitada constitucional parlamentar, o monarca é hereditário e vitalício. O primeiro-ministro é escolhido no Parlamento. Assim, toda vez que há eleição para o Parlamento, nesses Estados, muda-se o primeiro-ministro, podendo-se mesmo confirmar o anterior ocupante do cargo. Isso acontece caso o seu partido ganhe as eleições legislativas.

Nas "repúblicas parlamentares", como é o caso da Alemanha e da Itália, Estados republicanos parlamentaristas, a estrutura do Executivo é dualista, e o sistema de governo é o parlamentarista. O presidente da República aparece, nesses Estados, por meio de eletividade e temporariedade. Os presidentes destes Estados são eleitos, mas não diretamente pelo povo, e sim por eleição indireta. Eleito o Parlamento, este faz a eleição do presidente da República. Na Itália, é o próprio Parlamento (deputados e senadores) que elege o presidente, com a participação de três delegados de cada região. Na Alemanha, é o Parlamento acrescido de representantes dos Estados-Membros. Portanto, na República parlamentarista, o presidente nunca é eleito diretamente. Mas também nunca é eleito por um colégio eleitoral, estranho ao Parlamento. É o próprio Parlamento que elege o presidente da República, outorgando-lhe mandato.

O primeiro-ministro, nestas repúblicas puramente parlamentaristas, surge igualmente do Parlamento, que, frise-se, além de eleger ou de participar da eleição do Presidente, escolhe o Primeiro-Ministro, de acordo com as maiorias da eleição legislativa e não tem um mandato. Tecnicamente, o Legislativo merece o *status* de Parlamento quando tem a função de eleger o primeiro-ministro e, ou, o presidente da República.

França e Portugal são "repúblicas semiparlamentaristas ou semipresidencialistas". Têm estrutura dualista de Executivo. O chefe de Estado é o presidente da República e o chefe de Governo é o primeiro-ministro. O que distingue esses dois Estados é o fato de que o presidente da República é eleito de forma direta, pelo povo, em dois turnos. Esse sistema de eleição é combinado com o primeiro-ministro, escolhido pelo Parlamento, que é chefe de Governo. O que ocorre nesses dois Estados é o chamado "sistema de co-habitação", no qual duas forças se policiam. Portanto, uma república semiparlamentarista ou semipresidencialista é aquela que tem estrutura dualista, isto é, um chefe de Estado e um chefe de Governo, mas o chefe de Estado, presidente, é eleito diretamente pelo povo. Eis aí a marcante diferença.

No exercício da chefia do Estado, o presidente da República ou o monarca, não presta contas de seus atos ao Legislativo, pois, na realidade, é politicamente irresponsável, já que não pratica atos políticos de governo e, sim, de administração. A responsabilização política incide somente sobre aqueles que exercem cargos políticos de governo. Os chefes de Estado, no sistema parlamentarista, republicano ou monárquico, não são alcançados pela responsabilização por não praticarem atos político-administrativos de governo.

b.3) Estrutura colegiada

A terceira estrutura de Executivo é a colegiada, própria da Suíça, e por ela criada. A estrutura adotada na Suíça é um Governo Diretorial, de sete membros. Não há chefe de Governo. Vamos encontrar sete figuras, em vez de uma, no Executivo. O processo é o seguinte: de quatro em quatro anos, na Suíça, há eleições legislativas, para a denominada Assembleia Federal. Eleito o congresso, sua primeira providência é eleger a Diretoria, o órgão colegiado que vai governar o país durante os quatro anos seguintes, chamado Conselho Federal. A fim de exercer as funções de chefe de Estado, no papel protocolar de representante da nação e na função prática de presidir as reuniões do Conselho Federal, a mesma Assembleia Federal escolhe um dos conselheiros para, por um ano, ocupar o cargo de presidente da Federação. Findo este primeiro ano, o Congresso escolhe, entre os sete membros anteriormente eleitos, o que vai ser o segundo, e assim por diante. Os sete conselheiros do Governo Diretorial devem pertencer, cada um, a um cantão diferente. Os cantões são os estados-membros da federação suíça. Os conselheiros federais são, ao mesmo tempo, os chefes dos departamentos do Executivo (comparáveis aos nossos Ministérios). São sete departamentos: Relações Exteriores, Interior, Justiça e Polícia, Militar, Finanças, Economia Pública e Transportes, Comunicações e Energia.

5. O JUDICIÁRIO

a) Tarefa principal

A função primordial do Judiciário é solucionar os conflitos que lhe são apresentados, na forma da Constituição e das leis. No Brasil, o Judiciário faz o controle repressivo de constitucionalidade.

b) Formas de ingresso na carreira da magistratura

A titularidade do Poder Judiciário, como de todos os outros "poderes" constituídos, é do povo, por meio de seus legítimos representantes, investidos legalmente nessa função.

Os sistemas de ingresso na carreira judiciária são quatro: eleição, nomeação livre, cooptação e nomeação após concurso público.

b.1) Eleição

É o modo de ingresso na carreira da magistratura, cuja escolha ocorre por meio do voto popular. No sistema eletivo, utilizado nos Estados Unidos da América do Norte, os juízes dos condados, em sua maioria, passam a ocupar suas funções após eleição, o que não é de todo bom, pois envolve os juízes na disputa política. Esse sistema está em extinção em quase todos os outros Estados que o adotavam.

b.2) Nomeação livre

É o modo de ingresso na carreira da magistratura por livre indicação de uma autoridade. Esse sistema é adotado na Grã-Bretanha. A rainha realiza a escolha e a nomeação dos juízes dos condados, entre os nomes constantes da lista sêxtupla fornecida pela *British Law Society* (Ordem dos Advogados da Grã-Bretanha). A Suprema Corte Britânica (Supremo Tribunal de Apelação no Reino Unido) é a mais alta jurisdição ordinária exercida por doze juízes, designados vitaliciamente pela Rainha Elizabeth II, sob proposta do Ministro da Justiça, deles se exigindo que tenham desempenhado uma alta função judiciária durante dois anos ou que tenham advogado por quinze anos.[1]

A nomeação com sabatina é uma espécie de nomeação livre, que consiste na nomeação do juiz após aprovação mediante arguição. Nos Estados Unidos da América do Norte, o presidente da República indica o juiz federal, que é sabatinado no Senado, antes de sua

---

1   Nota dos autores: *The Times Law Supplement*, de 31.10.2006, noticia que, doravante, os candidatos a juiz serão submetidos a uma sabatina pela *Judicial Appointments Comission*, criada em 2005, pelo Parlamento Britânico. A propósito, ver Leitura n. 1, ao fim deste capítulo.

nomeação. No Brasil, os ministros do Supremo Tribunal Federal, do Superior Tribunal de Justiça, do Superior Tribunal do Trabalho e do Superior Tribunal Militar são nomeados com sabatina, nos termos da Constituição.

b.3) Cooptação

Modo de admissão na magistratura que consiste na escolha do novo juiz pelos próprios magistrados. A cooptação como forma de ingresso na Magistratura não mais existe.

A cooptação foi usual na França. Os próprios magistrados escolhiam o novo juiz para ingresso na carreira. Hoje, na França, se faz concurso para o ingresso, uma vez que o modo anterior tornara a magistratura francesa por demais elitista.

b.4) Nomeação por concurso público

É o modo de ingresso que consiste na seleção de pretendentes ao cargo de juiz por meio de provas e títulos, a fim de escolher os candidatos aptos ao exercício da função judicante. No Brasil, o ingresso na carreira da magistratura, cujo cargo inicial é o de juiz de direito substituto, é feito por nomeação por concurso público de provas e títulos, com a participação de um representante da Ordem dos Advogados do Brasil, em todas as fases.

c) Garantias tradicionais da magistratura

As garantias da magistratura são as prerrogativas conferidas aos magistrados visando o desempenho satisfatório e isento da função judicante, impedindo que influências perniciosas atinjam os julgadores. São prerrogativas asseguradas aos juízes para que possam manter sua independência e exercer a função jurisdicional com dignidade, desassombro e imparcialidade.

c.1) Vitaliciedade

Criada na Grã-Bretanha, significa que o magistrado exerce a função judicante até a sua morte, ou até uma idade limite prevista na

Constituição. Fora isso, ele só poderá ser afastado de suas atividades por meio de um processo judicial.

c.2) Inamovibilidade

De origem francesa, significa que o magistrado não pode ser afastado ou transferido de seu posto, comarca ou jurisdição, a não ser por vontade própria (promoção ou remoção na carreira) ou por processo judicial (remoção compulsória).

c.3) Irredutibilidade de vencimentos (subsídios)

Criação norte-americana, ensina que qualquer lei que reduza os vencimentos do Judiciário é inconstitucional, não podendo o juiz ter seus vencimentos diminuídos, salvo pelos tributos previstos na Constituição e nas leis.

d) Características da função judiciária

As características da função judiciária são a provocação, a decisão e o pronunciamento *in concreto*.

d.1) Provocação (inércia)

O Poder Judiciário somente age se for provocado pela parte legítima na forma da lei, ou seja, se alguém requerer a ação do Judiciário. Como regra geral, o Poder Judiciário não pode agir sem antes ser provocado, sem que qualquer dos interessados tenha se manifestado e requerido a prestação jurisdicional.

d.2) Decisão

O Poder Judiciário não emite pareceres, não dá meras opiniões, mas decide, apresenta soluções ao que lhe é requerido. O modo de atuação do Poder Judiciário é definido por lei, as decisões são proferidas nas formas de sentença, acórdão, veredicto e despacho. A sentença é a decisão final do juiz singular. O acórdão é a decisão colegiada de um órgão de segunda instância. O despacho é a decisão que impulsiona o processo. O veredicto é a decisão proferida no Tribunal do Júri.

d.3) Pronunciamento in concreto

O Poder Judiciário somente age em casos concretos, ou seja, para o caso que lhe foi submetido, não se aplicando a outros, ainda que semelhantes.

Podemos concluir com a frase de Amílcar de Castro: "O Direito é aquilo que o juiz diz que é". Essa afirmação do notável jurista é explicável pelo fato de o juiz ser aquele que tem o poder de dizer o direito, de aplicá-lo, de fazer valer a lei, em caráter definitivo. Portanto, o Direito se materializa nos pronunciamentos judiciais, em suas decisões, enfim, na própria jurisprudência.

LEITURAS COMPLEMENTARES

Leitura 1:
SELEÇÃO, FORMAÇÃO E APERFEIÇOAMENTO DE MAGISTRADOS

Seleção, Formação e Aperfeiçoamento de magistrados: assunto da mais relevante atualidade e que vem preocupando autoridades judiciárias da Europa, dos Estados Unidos e, mais recentemente, de toda a América Latina. Na qualidade de coordenador da Escola Judicial "Des. Edésio Fernandes" durante mais de dez anos, tive a oportunidade de visitar a *École Nationale de la Magistrature*, da França, a *Escuela Judicial*, da Espanha, o *Federal Judicial Center*, dos EUA, e, por um ano, fazer um curso, no Centro de Estudos Judiciários – o CEJ de Portugal.

Recentemente, participei de dois congressos judiciários internacionais, um em Santiago do Chile e outro em São Paulo. Em todos esses ambientes, notei o empenho que se dá ao estudo do assunto.

Já de há muito se percebeu que, para a correta seleção de juízes, não basta a nomeação livre, ainda adotada na Justiça Federal americana e na Grã-Bretanha; ou a eleição, usada por cerca de vinte e cinco Estados norte-americanos na escolha de seus juízes; ou mesmo, a nomeação "após" concurso público, sistema brasileiro. É preciso que, após o concurso, haja o curso de formação inicial dos magistrados. Curso esse que, durante sua realização, vai descobrindo as verdadeiras vocações e, ao final, aponta os realmente aptos para a função judicante. Assim se faz em França, Espanha e Portugal, cujo eficiente Centro de Estudos Judiciários comemorou nesse mês de dezembro o seu décimo aniversário.

O CEJ de Lisboa, fundado em 1979, graças aos esforços dos que acreditavam na ideia e com a crítica dos que resistiam à novidade, hoje é respeitadíssimo em toda a Europa Ocidental. Nesse decênio de intensa atividade, o Centro já formou diversas turmas de magistrados, que atuam no Portugal continental, na Madeira e nos Açores e também em países africanos de língua portuguesa. Para ingresso no CEJ, os candidatos a juiz, que devem ser bacharéis em Direito, sem que haja necessidade de qualquer interstício profissional, fazem rígido concurso público. Os classificados são nomeados "auditores de Justiça", com vencimento quase equivalente ao de juiz iniciante. Nessa condição, fazem o curso completo com duração de dois anos e meio (podendo ser mais curto, se necessário), dividido em três fases distintas: teórico-prática, estágio de iniciação e estágio de exercício.

A primeira fase, que fiz em 1982/83, desenrola-se nas salas e auditórios do Palácio do Limoeiro, e as outras duas perante juízes-formadores escolhidos pelo Conselho Superior da Magistratura. Esse é o sistema de seleção e formação inicial que deverá ser adotado, com as devidas adaptações, pela Escola Judicial do TJMG, pioneira no Brasil como órgão oficial, com o advento da nova Organização Judiciária do Estado.

Além de sua tarefa básica, o CEJ cuida da formação permanente dos magistrados portugueses, através de seminários, cursos e colóquios que não tratam só da ciência jurídica e, sim, também de psicologia, sociologia, economia, relações com a CEE, línguas estrangeiras e literatura.

Segundo o doutor Álvaro Laborinho Lúcio, brilhante diretor do CEJ,

> formar magistrados é rasgar-lhes caminhos de tolerância, dar-lhes o sentido útil da competência e a dimensão ética de uma vida cuja intenção última se analisa na comunhão com os outros. É, por isso, também uma estética, enquanto modelação de um belo permanentemente perseguido e de contornos riscados na silhueta de um povo.

Assim, evidenciando este binômio "direito e arte", as comemorações do 10º aniversário do

CEJ constaram de cinco grandes conferências por quatro renomados juristas portugueses e um francês, e mais concertos, recitais, teatro, exposições de artes plásticas, concurso literário e uma feira do livro jurídico. De parabéns o CEJ pelo seu competente trabalho, que merece ser conhecido por aqueles que cuidam da formação de magistrados, especialmente no Brasil. (FIUZA, Ricardo A. Malheiros. *Estado de São Paulo*, 7 fev. 1990)

Leitura 2:
"MODERNIDADE" NO JUDICIÁRIO BRITÂNICO

O *Reino Unido da Grã-Bretanha*, como já indica o seu nome oficial, é um Estado composto pela "União Política Incorporada" da Inglaterra, do País de Gales, da Escócia e da Irlanda do Norte. A forma de Governo é a Monarquia tipicamente parlamentarista, na qual a Rainha é Chefe de Estado e o Primeiro-Ministro, indicado pela *House of Commons*, câmara baixa do Parlamento, é o chefe de Governo.

O Parlamento britânico é "bicameral aristocrático". As *Houses of Parliament* são duas: a *House of Lords* (câmara alta), composta por nobres dos quatro países, em número ilimitado, e a *House of Commons* (câmara baixa), centro da política britânica, formada por 635 membros, eleitos por sufrágio direto e universal, nos círculos eleitorais do Reino Unido.

Na *House of Lords*, há os lordes "temporais", entre os quais, até este ano de 2009, os onze lordes "judiciais" (que compunham a instância máxima, suprema, do judiciário britânico) e os lordes "espirituais" (arcebispos e bispos da Igreja Anglicana). (Fiuza, Ricardo Arnaldo Malheiros. *Direito Constitucional Comparado*, Belo Horizonte: Del Rey, 4. ed., 2004, p. 32 e 172.) Usei propositalmente o verbo *compunham*, eis que, depois de 610 anos de história e tradição, a Câmara dos Lordes perde sua função jurisdicional, passando a ser, como devia mesmo ser, exclusivamente uma câmara alta legislativa.

O sistema judiciário britânico é extremamente complexo, havendo grandes diferenças nas estruturas dos juízos e tribunais dos quatro componentes do *United Kingdom*. Mas havia um ponto de convergência, certo e sabido: o apelo de última instância, quando cabível, era dirigido nesses séculos passados, para os onze *Law Lords*, que, na câmara alta do Parlamento, além de poderem legislar, formavam o *Appellate Com-*

mittee of the House of Lords. Uma certa ambiguidade que não deve ter agradado ao *Baron de Montesquieu*, para quem "*é preciso que haja a separação de órgãos* (do poder), *a especialização de funções e a cooperação entre esses órgãos*".

É verdade que, no decorrer desses longos anos, os Judicial Lords ou Law Lords foram passando a cuidar somente do julgamento dos recursos judiciários, deixando de lado a sua função legislativa.

Antes deste verão londrino, os *Law Lords* julgaram os sete últimos processos de sua hexacentenária pauta e, em 1º de outubro de 2009, no outono, já passarão a integrar a novíssima *Supreme Court of the United Kingdom* (criada pelo *Constitutional Reform Act*, 2005).

Em entrevista telefônica (transcrita no informativo internacional "Migalhas"), o advogado Murray Rosen, do grande escritório "Herbert Smith Advocacy", afirmou que "se trata realmente da separação de poderes". E acrescentou que, mesmo depois de centenas de anos, ainda parecia "*unusual*" que legisladores se envolvessem em assuntos judiciais, e a criação desta Suprema Corte pode ser considerada "*um belo sinal de modernidade*". Roger Smith, outro jurista destacado, aduziu: "*Todos nós vamos olhar para trás e nos perguntar por que não fizemos isso muitíssimo mais cedo*." Ninguém jamais duvidou da independência dos lordes judiciais, mas agora, evidentemente, os papéis ficarão bem mais definidos na cúpula do Estado britânico.

Jenny Rowe, diretora executiva da Corte, em recente palestra proferida na Universidade de Manchester, deu explicações objetivas sobre este novo "supremo tribunal". A respeito da sua composição, ensinou que a Corte terá *doze* juízes. Os atuais *onze* lordes judiciais passarão automaticamente para o novo órgão e, à medida que se aposentarem ou vierem a falecer, serão substituídos por juristas de renome e de competência, escolhidos por uma comissão de altíssimo nível, que levará o nome à Rainha via Ministro da Justiça. O décimo-segundo Juiz (Justice) já foi escolhido e nomeado, tendo em vista o seu elevado currículo jurídico. A nova Corte terá um Presidente, o atual decano dos lordes judiciais, e um Vice-Presidente, que é o segundo decano.

A Suprema Corte está sendo instalada em belo prédio restaurado e adaptado, na frente da *Parliament Square* (a separação física também é importante). O *Middlesex Guildhall Building* terá auditório para um considerável número de assistentes das sessões de julgamento e um "telão" para os que não conseguirem assento. O intuito da nova Corte, em sua casa própria, é sobretudo, a *transparência*. Os agora *Justices* querem ser tão abertos, quanto possível, a jornalistas, a jurisdicionados e aos cidadãos em geral.

Lord Phillips, o *senior justice* que já preside a nova Suprema Corte, em palestra na *British Law Society*, em Londres, explica que a separação da Corte e sua mudança para outro prédio darão oportunidade para alterações processuais de relevo, no sentido de menos pompa e mais celeridade nos julgamentos dos recursos supremos que chegarem ao novo colegiado. Tais mudanças nos procedimentos jurisdicionais irão se firmando dentro do princípio do *common law*, isto é, serão construídas na própria atuação da Corte (*Site: Ministry of Justice.* http.www.justice.gov.uk/supreme-court. Pesquisas feitas na internet por Edgard Fiuza, mestre em Computação e Gina Fiuza, arquiteta).

(FIUZA, Ricardo A. Malheiros. *Estado de Minas*, Direito e Justiça. 26.outubro.2009.

PORTUGAL:
UM CONSTITUCIONALISTA NA PRESIDÊNCIA

Marcelo Rebelo de Sousa, 67 anos, acaba de ser eleito Presidente da República de Portugal. Catedrático de Direito Constitucional da Universidade de Lisboa e da Universidade Católica de Portugal. Elegante, simpático, cultíssimo, professor por excelência, conferencista emérito, debatedor jurídico incisivo, comentarista político da televisão, comunicador nato, homem de centro-direita, é uma grande esperança para o povo lusitano. Independente, proclamou na campanha: "Não serei o presidente de nenhum partido". Seu partido de origem é o PSD.

***

Alguns veículos da mídia brasileira têm afirmado que o Presidente português exerce apenas papel decorativo ou de mera representação. Não é bem assim. Portugal não é mesmo um Estado presidencialista, como os EUA e o Brasil; mas, também, não é parlamentarista, como a Itália e a Alemanha. É, sim, uma república *semipresidencialista*, mais bem estruturada constitucionalmente que a França, criadora do sistema.

O semipresidencialismo é o mais novo sistema de governo republicano e se caracteriza basicamente por um Executivo dualista: o Presidente, eleito pelo povo, é o Chefe de Estado e o 1º Ministro, escolhido pelo Parlamento, é o Chefe de Governo. Outros pontos importantes marcam sensivelmente o semipresidencialismo: a independência entre o Presidente e o Legislativo; a eleição direta do Presidente, a ele cabendo, pela Constituição, atribuições menores, sim, que no presidencialismo, mas muito maiores do que no parlamentarismo.

No caso específico de Portugal, a Constituição de 1976, em sua versão atual, estabelece que o Presidente da República é eleito, em maioria absoluta, por 5 anos, em sufrágio universal, direto e secreto dos cidadãos portugueses residentes no território nacional e no exterior, podendo ser reeleito uma vez. Não há a figura do vice-presidente.

Interessante para nós, brasileiros, é o disposto no art. 124 da Constituição lusa: as candidaturas para a Presidência são propostas por um abaixo-assinado de, no mínimo, 7.500 assinaturas de eleitores. Tal dispositivo acentua, sem dúvida, o caráter popular da eleição, garantindo uma independência (e uma possível convivência) com relação aos partidos. Agora, por exemplo, o PR vai conviver com um governo socialista.

Com base na Constituição e nas obras de *Jorge Miranda* e do próprio *Marcelo Rebelo de Sousa*, ambos meus mestres em Lisboa, as mais importantes atribuições do Presidente da República Portuguesa, verdadeiro Chefe de Estado, são estas: promulgar as leis, podendo exercer o veto político e o veto por inconstitucionalidade; demitir o Governo (1º Ministro e seu gabinete); dissolver a Assembleia da República, que é o Legislativo unicameral; submeter a consulta popular (referendo) as questões de maior relevo nacional; – pronunciar-se, oficialmente, sobre *todas* as emergências graves para a vida do país. É o clássico "poder moderador", que mostra a importância do Presidente.

10º Capítulo
SUPREMACIA DA CONSTITUIÇÃO

1. INTRODUÇÃO

O princípio da supremacia constitucional surgiu com o Constitucionalismo, movimento político-jurídico advindo da promulgação da primeira Constituição orgânica do mundo, a Constituição dos Estados Unidos da América, em 17 de setembro de 1787, na Convenção de Filadélfia. A Constituição Americana originou-se, em grande parte, do pensamento de John Locke, de Jean-Jacques Rousseau e do Barão de Montesquieu, com os aprimoramentos advindos do *System of Checks and Balances*, de Alexander Hamilton, James Madison e John Jay.

Destinada a vigorar para a geração da época e para os seus descendentes, como se declara em seu preâmbulo, ela foi considerada, desde o início, o direito supremo do país, acima de todas as leis e tratados federais e de todas as constituições e leis estaduais. Assim, no final do século XVIII, triunfa o movimento constitucionalista, tendo a França promulgado a sua Constituição em 1791.

Pode-se dizer, então, que a Constituição não é uma simples lei: é algo mais, é entendida como a Lei Fundamental de um país, de um Estado. Para merecer tal denominação, pressupõe-se que a Constituição seja a fonte de validade das demais leis, quer sob o aspecto formal (competência e observância do processo legislativo estabelecido para edição e elaboração do ato normativo) ou material (adequação da norma jurídica com os preceitos constitucionais).

Assim, a ideia de rigidez revela-se importante, por traduzir a superioridade da Constituição, que não pode ser reformada como uma lei ordinária. Em outras palavras, a Constituição deve manter uma orientação mais estável. É de se lembrar que a concepção de supremacia constitucional também se aplica à Constituição flexível, todavia trata-se de superioridade no sentido, apenas material, já que a superioridade formal é característica das Constituições rígidas.

Por fim, para se manter a superioridade da norma constitucional, é preciso uma constante verificação de conformidade das normas infraconstitucionais com os ditames constitucionais. Essa verificação é o *controle de constitucionalidade*. Esse controle visa detectar possível inconstitucionalidade de um ato jurídico, principalmente da lei.

2. DEFINIÇÃO DE INCONSTITUCIONALIDADE

O controle de constitucionalidade é a verificação da conformidade de um ato jurídico, particularmente da lei, à Constituição. Todos os atos jurídicos (leis, decretos, medidas provisórias, resoluções, portarias etc.) devem estar de acordo com a Constituição, e o controle de constitucionalidade, portanto, é feito por um órgão designado pela Constituição, de modo que, declarada a inconstitucionalidade de um ato jurídico pelo órgão competente, anulados estarão os efeitos advindos dessa norma.

Conceituando a inconstitucionalidade, Marcello Caetano nos ensina:

> A inconstitucionalidade é, pois, o vício das leis que provenham de órgão que a Constituição não considere competente, ou que não tenham sido elaboradas de acordo com o processo prescrito na Constituição ou contenham normas opostas às constitucionalmente consagradas. (CAETANO, Marcello. D*ireito constitucional*, p. 401)

Em análise dessa definição, podemos dizer que o notável autor português assinala que a inconstitucionalidade é a irregularidade do ato legislativo, em sua formação, em decorrência da incompetência do órgão (*inconstitucionalidade orgânica*), ou da desobediência ao processo de sua elaboração (*inconstitucionalidade formal*) ou da ofensa ao próprio conteúdo da Constituição (*inconstitucionalidade material*).

A esses três vícios apontados por Marcello Caetano, todos eles caracterizadores da inconstitucionalidade por ação, some-se a inconstitucionalidade por omissão, que segundo José Afonso da

Silva, "verifica-se nos casos em que não sejam praticados atos legislativos ou executivos requeridos para tornar plenamente aplicáveis normas constitucionais".

3. TIPOS E SISTEMAS DE CONTROLE DE CONSTITUCIONALIDADE

a) Didaticamente, podemos dizer que a primeira distinção se faz quanto ao "momento" (tipos) do controle de constitucionalidade:

a.1) será "preventivo", se o controle for feito *a priori*, isto é, antes da concretização do ato jurídico, particularmente do ato legislativo. Tal tipo de verificação pode e deve ser realizado da maneira mais ampla possível. As assessorias jurídicas dos órgãos governamentais, as comissões parlamentares (como as "Comissões de Constituição e Justiça", do Congresso Nacional brasileiro) e os chefes de Executivo, por meio do veto, podem e devem fazê-lo, sem que haja uma provocação específica para isso. E, ainda preventivamente, poderá ser realizado por órgão próprio, mediante solicitação ou requerimento.

a.2) será "repressivo", ou sucessivo (como se denomina em Portugal), quando o controle for feito *a posteriori*, isto é, após a concretização do ato legislativo. No caso da lei, após a sua promulgação. Essa forma de verificação normalmente se faz por um órgão específico, mediante provocação, na forma prevista na Lei Magna.

b) A segunda distinção tem por base exatamente o órgão controlador ou fiscalizador (sistemas). Explicamos que três são os sistemas de controle de constitucionalidade quanto ao órgão controlador:

b.1) "Controle Político", quando feito por órgãos políticos comuns ou especiais, sem a participação do Poder Judiciário. Como exemplos, podemos citar o Senado Conservador, que Napoleão Bonaparte introduziu na Constituição francesa do ano VIII (1799), com a incumbência de "manter ou anular os atos que lhe são submetidos como inconstitucionais"; ainda em França, o Comitê Constitucional, da Constituição de 1946, que se compunha do presidente da República, do presidente do senado e do presidente da Assembleia Nacional e membros eleitos pelas duas casas legislativas, para exame das leis e o atual Conselho Constitucional, da Constituição francesa de 1958, que é composto por nove membros: três nomeados pelo presidente da República, três pelo presidente do Senado e três pelo presidente da Assembleia Nacional. Uma de suas missões é velar pela conformidade das leis perante a Constituição.[1]

b.2) "Controle Judicial", quando a fiscalização, nomeadamente a repressiva, é feita somente pelos órgãos do Poder Judiciário. O *"judicial control"* ou *"judicial review"* foi criado pelos norte-americanos, não em sua Constituição, mas na própria prática forense, com o famoso caso Marbury x Madison, em 1803.

Em seu notável voto, o "Justice" John Marshall, então presidente da Suprema Corte norte-americana, afirmou acerca da Supremacia Constitucional:

> Ou a Constituição é uma lei superior, soberana, irreformável por meios comuns; ou se nivela com os atos da legislação comum, e, como esses, é reformável ao sabor do legislativo. Se a primeira proposição é verdadeira, então o ato legislativo, contrário à Constituição, não será lei; se é verdadeira a segunda, então as cláusulas escritas são inúteis esforços do povo em limitar um poder por sua natureza ilimitável.

Marshall dizia, ainda:

> É da competência especial, bem como o dever do Poder Judiciário dizer o que é o Direito. Aqueles que aplicam a regra a casos particulares devem, necessariamente, expor e interpretar a regra. Se duas leis entram

---

[1] Nota dos autores – O controle de constitucionalidade na França, eminentemente a priori, passou por recentes mudanças. Em 23.07.2008, a Constituição Francesa foi alterada pela *Loi constitutionnelle nº 2008-724 de modernisation des institutions de la Vª République* (Lei de revisão constitucional nº 2008-724 de modernização das instituições da Quinta República).

A Constituição da França, com as modificações da revisão constitucional, dentre elas a introdução do art. 61-1, concedeu ao Conselho Constitucional a competência de exercer o controle de constitucionalidade repressivo mediante provocação do Conselho de Estado (Conseil d' État) ou da Corte de Cassação (Cour de Cassation), que é o órgão máximo do Poder Judiciário francês. A Lei Orgânica nº 2009-1523, de 10.12.2009, relativa à aplicação do art. 61-1 da Constituição Francesa, com entrada em vigor em 1º.03.2010, regulamentou a denominada "question prioritaire de constitutionnalité".

em conflito, os tribunais devem decidir sobre a aplicação de cada uma.

Assim, se uma lei opuser-se à Constituição e se ambas, a lei e a Constituição aplicam-se a um caso particular, de modo que a Corte deva decidir aquele caso conforme a lei, desrespeitando a Constituição ou respeitá-la, recusando a lei, a Corte deve determinar qual destas regras em conflito governa o caso; isto é da própria essência do dever judiciário.

Se, então, os tribunais quiserem respeitar a Constituição, e esta for superior a qualquer lei ordinária do Congresso, a Constituição, e não tal lei ordinária, deve governar o caso ao qual ambas se aplicam. (ROSAS, Roberto. *O Poder Legislativo*)

Após o conhecido caso, criou-se, na prática, portanto, a "Doutrina de Marshall", segundo a qual, de maneira difusa, por todos os seus juízes e tribunais, o Poder Judiciário deve fazer o controle repressivo de constitucionalidade. O "modelo americano" foi adotado por inúmeros Estados do continente americano, dentre os quais o Brasil.

Assim como o notável juiz Marshall, também Alexander Hamilton contribuiu para a criação do *"judicial control"*, tendo consignado na obra *O federalista* (1788):

A Constituição é e deve ser considerada pelos juízes como lei fundamental; e como a interpretação das leis é a função especial dos tribunais judiciários, a eles pertence determinar o sentido da Constituição, assim como de todos os outros atos do corpo legislativo. Se entre estas leis se encontrarem algumas contraditórias, deve preferir aquela, cuja observância é um dever mais sagrado; que é o mesmo que dizer que a Constituição deve ser preferida a um simples estatuto; ou a intenção do povo à dos seus agentes.

Mas não se segue daqui que o Poder Judiciário seja superior ao Legislativo; segue-se, sim, que o poder do povo é superior a ambos e que, quando a vontade do corpo legislativo, declarada nos seus estatutos, está em oposição com a do povo, declarada na Constituição, é a essa última que os juízes devem obedecer: por outras palavras, que as suas decisões devem conformar-se antes com as leis fundamentais do que com aquelas que não o são. (HAMILTON, Alexander; MADISON, James; JAY, John. *O federalista*, p. 460)

b.3) "Controle Misto", quando na fiscalização da constitucionalidade há a participação de elementos vindos, por escolha e formação, do Judiciário e de outros elementos estranhos a esse órgão do Poder do Estado, reunidos, todos, em Tribunal não judicial, de competência especializada.

É chamado "Modelo Austríaco" por ter origem na Constituição Austríaca de 1920, sob inspiração kelseniana. É o sistema adotado na Itália, nos termos dos arts. 134 a 137 da Constituição Italiana de 1947. A Constituição prevê:

> La Corte costituzionale è composta di quindici giudici nominati per un terzo dal Presidente della Repubblica, por um terzo dal Parlamento in seduta comune e per um terzo dalle supreme magistrature ordinària e amministrativa.[2]

Vê-se, aí, claramente, a participação dos três órgãos do Poder Estatal na escolha dos membros da Corte Constitucional, que têm como primeira competência julgar as controvérsias relativas à legitimidade constitucional das leis e dos atos do Estado e das regiões, que tenham força de lei.

Marcello Caetano denomina de órgão jurisdicional especial o "tribunal criado de propósito para conhecer das questões relativas à constitucionalidade das leis". (*Direito constitucional*, p. 404)

O professor português Galvão Teles, em excelente artigo publicado na revista *O Direito*, afirma:

> O que caracteriza o tribunal constitucional é a circunstância de, além de possuir a função específica de velar

---

2 Tradução dos Autores: A Corte Constitucional é composta por quinze juízes, 1/3 nomeado pelo Presidente da República, 1/3 pelo Parlamento em sessão conjunta e 1/3 pela magistratura suprema comum e administrativa.

pelo cumprimento da Constituição, não se integrar no sistema geral dos tribunais. Em termos de poderes do Estado, é um novo poder, distinto do Judicial.

Isso acontece na Áustria e na Itália, como já se viu, e na Espanha, cuja Constituição de 1978, no Título IX, arts. 159 e seguintes, estabelece:

> El Tribunal Constitucional se compone de 12 miembros nombrados por el Rey; de ellos, cuatro a propuesta del congreso por mayoría de tres quintos de sus miembros; cuatro a propuesta del Senado, con idéntica mayoría; dos a propuesta del Gobierno, y dos a propuesta del Consejo General Del Poder Judicial.[3]

Portugal, após a revisão Constitucional de 1982, pode também ser enquadrado neste sistema.

4. CONTROLE DE CONSTITUCIONALIDADE NO BRASIL

No Brasil, a Constituição da República, de 5 de outubro de 1988, manteve o controle de constitucionalidade em concreto (previsto desde 1891); ampliou o controle em abstrato ou em tese (adotado em 1946) e consagrou o controle de constitucionalidade por omissão (seguindo o modelo da Constituição Portuguesa).

Vamos aqui enunciar de maneira bastante sucinta o método de controle de constitucionalidade adotado no Brasil.

Antes, é preciso ressaltar que a Constituição de 1988 trouxe um grande avanço no trato da inconstitucionalidade, pois, com a criação do Superior Tribunal de Justiça, como guardião da Lei Federal, o Supremo Tribunal Federal passou a ser o verdadeiro guardião da Constituição. Antes de 1988, o Supremo Tribunal Federal apreciava as questões federais, que agora por meio do recurso especial são apreciadas pelo Superior Tribunal de Justiça.

---

[3] Tradução dos Autores: O Tribunal Constitucional se compõe de 12 membros nomeados pelo Rei; deles, 4 por proposta do Congresso pela maioria de 3/5 de seus membros; 4 por proposta do Senado, com idêntica maioria; 2 por proposta do Governo, e 2 por proposta do Conselho Geral do Poder Judiciário.

Na Constituição vigente se verifica tanto o controle de constitucionalidade preventivo quanto o repressivo.

O "controle preventivo" é atribuído ao presidente da República, que o exerce por meio do veto, de acordo com o art. 66, § 1º da Constituição Federal. É igualmente preventivo o controle realizado pelas Comissões de Constituição e Justiça das Casas do Congresso Nacional, durante o trâmite dos projetos legislativos.

O "controle repressivo" é realizado, de modo geral, pelo Judiciário, no caso concreto ou em tese.

1) Controle de Constitucionalidade no Caso Concreto

Em se tratando do Controle de Constitucionalidade no Caso Concreto, é adotado no Brasil o "sistema judicial difuso", já que o seu exercício é reconhecido a todos os componentes do Judiciário, a começar do juiz de Direito de 1ª Instância ou 1º Grau. Tal controle é exercido por via de exceção e é denominado "incidental", cabendo ao demandado arguir a inconstitucionalidade, quando apresenta sua defesa num caso concreto. Entende-se também por via de exceção a situação de, por exemplo, a pessoa que, prejudicada em seu direito líquido e certo por ato de autoridade pública ou agente do Poder Público, impetra mandado de segurança, arguindo a inconstitucionalidade do ato em si ou da legislação que ampara o ato.

Passando pelos trâmites processuais e judiciários, a demanda em que se arguiu a inconstitucionalidade sobe da 1ª Instância aos tribunais de 2ª Instância e, daí, poderá chegar em grau de recurso extraordinário ao Supremo Tribunal Federal, art. 102, inc. III, alíneas "a", "b", "c", e "d" da Constituição da República.

Nesse caso,

> a decisão judicial faz coisa julgada entre as partes, não vinculando outras decisões, inclusive o próprio Supremo Tribunal Federal, enquanto a lei não tiver suspensa a sua executoriedade, o que compete ao Senado Federal (art. 52, X). (BASTOS, Celso. *Curso de direito constitucional*, p. 328)

O art. 52, X, da Constituição prevê que "compete privativamente ao Senado Federal suspender a execução, no todo ou parte, de lei declarada inconstitucional por decisão definitiva do Supremo Tribunal Federal."

Tal suspensão é posta como obrigatória ao Senado, que a fará por meio de resolução. A jurisprudência determinou que decisão definitiva é aquela repetida em vários casos semelhantes.

2) Controle de Constitucionalidade em Tese

O Controle de Constitucionalidade em Tese, ou em Abstrato, ou por ação direta, faz-se, no Brasil, pelo "sistema judicial concentrado". Trata-se, agora, de controle principal, que exerce, na esfera federal, exclusivamente, o Supremo Tribunal Federal, em ação direta proposta por certas autoridades (art. 102, I, "a", e art. 103 da Constituição Federal).

O art. 102, I, "a", da Constituição Federal trouxe interessante novidade criada pela Emenda Constitucional n. 3, de 1993. Trata-se da ação declaratória de constitucionalidade de lei ou ato normativo federal, igualmente de competência do Supremo Tribunal Federal.

Na ação direta de inconstitucionalidade e na ação declaratória de constitucionalidade, a decisão definitiva de mérito produz eficácia contra todos, e efeito vinculante relativamente aos demais órgãos do Poder Judiciário e à Administração Pública direta e indireta, nas esferas federal, estadual, distrital e municipal.

A declaração de inconstitucionalidade visa expurgar da ordem jurídica a incompatibilidade de lei ou ato normativo federal ou estadual com a norma constitucional. Por sua vez, a declaração de constitucionalidade objetiva "afastar a insegurança jurídica ou o estado de incerteza sobre a validade de lei ou ato normativo federal", que esteja sendo duramente atacado pelos juízes e tribunais inferiores. (MORAES, Alexandre. *Direito constitucional*, p. 689)

A Emenda Constitucional n. 3, de 1993, introduziu, também, a arguição de descumprimento de preceito fundamental, que será apreciada pelo Supremo Tribunal Federal (art. 102, § 1º, da Constituição Federal). Tal arguição visa evitar ou reparar lesões a princípios, direitos e garantias fundamentais previstos na Constituição Federal. Os colegitimados para propositura da arguição de descumprimento de preceito fundamental são os mesmos colegitimados para propositura da ação direta de inconstitucionalidade. A decisão do Supremo Tribunal Federal em sede de arguição terá eficácia contra todos e efeito vinculante relativamente aos demais órgãos do Poder Público.

3) A Inconstitucionalidade por Omissão

Outra novidade de inspiração portuguesa na Constituição de 1988 é a inconstitucionalidade por omissão. Em nível federal, apenas o Supremo Tribunal Federal pode apreciar a alegação de inconstitucionalidade por omissão, caracterizando-se, assim, o "sistema judicial concentrado".

A Constituição diz no art. 103, § 2º, que

> declarada a inconstitucionalidade por omissão de medida para tornar efetiva norma constitucional, será dada ciência ao Poder competente para a adoção das providências necessárias e, em se tratando de órgão administrativo, para fazê-lo em trinta dias.

Desta forma, essa ação é supridora de omissão do legislador e do administrador público de medida necessária para tornar efetiva norma constitucional. Todavia, quando o Legislativo for o "Poder" responsável pela omissão, não há como obrigá-lo a legislar. Com objetivo de manter a própria ordem constitucional, o Supremo Tribunal Federal, em recentes decisões (nas ADI nsº 2.240, 3.316, 3.489, 3.689; ADI por omissão 3.682) tem fixado parâmetro temporal para a atuação legislativa.

Há autores brasileiros, como José Afonso da Silva, que propugnavam, no caso, "por uma decisão normativa, para valer como lei se após certo prazo o legislador não suprisse a omissão". Porém os constituintes de 1988 não aceitaram a ideia.[4]

5. CONTROLE DE CONSTITUCIONALIDADE EM MINAS GERAIS

No âmbito estadual, o controle de constitucionalidade das leis ou atos normativos estaduais ou municipais, em face da Constituição

---

4 Nota: A propósito do Controle de Constitucionalidade, ver Leis n. 9.868 e n. 9.882/99.

Estadual, faz-se igualmente em concreto e em abstrato. A Constituição do Estado de Minas Gerais, promulgada em 21.9.1989, trata do assunto na parte referente ao Judiciário.

O controle de constitucionalidade das leis e atos normativos municipais, em face da Constituição Federal, somente se realiza em concreto, pelo sistema difuso. Assim, não se admite o controle concentrado de constitucionalidade de lei ou ato normativo municipal, em face da Constituição Federal, perante o Supremo Tribunal Federal ou perante o Tribunal de Justiça local.[5]

No caso concreto, pelo sistema judicial difuso, o controle começa pelo Juiz de Direito de 1ª Instância e pode chegar ao Tribunal de Justiça, que dará a palavra final, só podendo a inconstitucionalidade ser declarada pelo voto da maioria absoluta de seu Órgão Especial (formado por 25 desembargadores).

Em tese ou em abstrato, o sistema adotado é o judicial concentrado, competindo privativamente ao Tribunal de Justiça o julgamento da ação direta (art. 106, I, "h", da Constituição mineira). As partes legítimas para propor essa ação estão indicadas no art. 118.

O § 4º do art. 118 repete, *mutatis mutandis*, a Constituição Federal, consagrando a inconstitucionalidade por omissão também no âmbito estadual.

LEITURA COMPLEMENTAR

A FAVOR DA SÚMULA VINCULANTE

A chamada "Reforma do Judiciário" introduziu, pelo artigo 103-A, a "súmula vinculante" no Direito Constitucional Brasileiro.

E o fez nos seguintes termos:

O Supremo Tribunal Federal poderá, de ofício ou por provocação, mediante *decisão de dois terços dos seus membros, após reiteradas de-*

---

[5] Nota: Arguida a inconstitucionalidade das expressões "e da Constituição da República" e "em face da Constituição da República", contidas na alínea "h", do art. 106, e no § 1º do art. 118, ambos da Constituição do Estado de Minas Gerais. ADIn n. 508. Liminar deferida em 14.6.1991 e publicada em 23.8.1991, julgamento do mérito: Procedente – Plenário 12.2.2003.

cisões sobre matéria constitucional, aprovar súmula que, a partir de sua publicação na imprensa oficial, terá efeito vinculante em relação aos demais órgãos do Poder Judiciário e à administração pública direta ou indireta, nas esferas federal, estadual e municipal, bem como proceder à sua revisão ou cancelamento, na forma estabelecida em lei.

Fiz questão de grifar certos trechos do novo dispositivo para mostrar aos leitores que a "súmula vinculante" só poderá ser editada pela decisão de, no mínimo, oito dos onze ministros do STF, depois de repetidas decisões no mesmo sentido e somente em matéria constitucional.

Tal decisão pela súmula de efeito vinculante *erga omnes* poderá ser tomada de ofício pelo Supremo ou por provocação, o mesmo acontecendo com sua revisão ou seu cancelamento.

E o § 2º do referido artigo estabelece que, sem prejuízo do que vier a ser estabelecido em lei, a aprovação, a revisão ou o cancelamento da súmula podem ser provocados por "aqueles" que podem propor a ação direta de inconstitucionalidade.

Isso nos leva ao art. 103 do texto original da Constituição (com pequena alteração da "Reforma do Judiciário"), o qual enumera as autoridades aptas a proporem a ação direta de inconstitucionalidade (Adin), a saber: o Presidente da República; a Mesa do Senado Federal; a Mesa da Câmara dos Deputados; a Mesa de Assembleia Legislativa ou Câmara Legislativa do Distrito Federal; o Governador de Estado ou do Distrito Federal; o Procurador-Geral da República; o Conselho Federal da Ordem dos Advogados do Brasil; partido político com representação no Congresso Nacional; e confederação sindical ou entidade de classe de âmbito nacional.

Vê-se, por tudo isso, que a "súmula vinculante" não é tão fácil, assim, de ser decretada; só pode sê-la em matéria constitucional; e sua revisão ou seu cancelamento podem ser propostos por um bom leque de partes legítimas, incluindo a OAB.

Sou inteiramente favorável à adoção da súmula vinculante em nosso Direito, pois, a meu ver, tal instituto não anula a cidadania, não engessa a função judicante e, sim, vai concorrer para a desobstrução da pauta do STF e, principalmente, vai acabar com a proliferação de demandas repetitivas, mormente por parte do Estado, enxugando os caminhos judiciários do país.

Em 1998, eu já escrevia em defesa da adoção da súmula de efeito vinculante.

E citava sempre o presente mestre Caio Mário da Silva Pereira, segundo o qual,

> quem exerce a advocacia efetivamente é testemunha de que há pretensões sem fomento de justiça, na certeza de desfecho inevitável. A vinculação nestes casos é irrecusavelmente construtiva, e não traz o propósito ou o efeito de impedir a evolução do Direito. (*Revista Jurídica Del Rey*, ago. 97)

E trazia em meu favor também a opinião do emérito Raul Machado Horta:

> As decisões definitivas nas ações diretas de constitucionalidade de lei ou ato normativo federal, em julgamentos da jurisdição concentrada, serão alcançados, desde logo, pela eficácia *erga omnes* – contra todos – e o efeito vinculante. As decisões definitivas de mérito, que provirão dos casos concretos da jurisdição difusa, só terão eficácia contra todos e efeito vinculante se o Supremo Tribunal Federal assim dispuser, pelo voto de dois terços de seus membros. (HORTA, Raul Machado. *Revista do Instituto dos Advogados de Minas Gerais*, n.4, 1998)

A súmula vinculante, adotada pela maioria qualificada do Supremo na questão constitucional, é peça fundamental "no coroamento lógico-jurídico da técnica brasileira de controle judiciário da constitucionalidade das leis. (HORTA, Raul Machado. *Revista do Instituto dos Advogados de Minas Gerais*, n.4, 1998)

Um dos argumentos usados contra a adoção da súmula vinculante é a suposta "hierarquização militar" do Judiciário. Discordo de tal argumento, pois se um tribunal pode reformar ou cassar uma decisão de primeiro grau, por que não poderá o Supremo Tribunal estabelecer uma decisão definitiva que, à moda do *stare decisis* dos americanos, significa no dizer de Black, *a policy of courts to stand by precedent and not to disturb a settled point* (*Law Dictionary*). Se não há "hierarquia" na primeira hipótese por que ela existirá na segunda?

O grande Amílcar de Castro afirma que "o Direito é aquilo que o juiz diz que é", e a súmula vinculante é exatamente o Direito sendo dito pelo Juízo máximo no ordenamento jurídico-político brasileiro". (FIUZA, Ricardo A. Malheiros. *O Tempo*, 28 dez. 2004)

REFERÊNCIAS BIBLIOGRÁFICAS

ACCIOLY, Hildebrando. *Manual de direito internacional público*. 11. ed., 7. tir. São Paulo: Saraiva, 1988.

ACCIOLY, Wilson. *Instituições de direito constitucional*. Rio de Janeiro: Forense, 1991.

ARISTÓTELES. Ética a Nicômanos, 3. ed., Brasília:UnB, 1992.

ARISTÓTELES. *A política*. Trad. Roberto Leal Ferreira. 2. ed. São Paulo: Martins Fontes, 1998.

AUBERT, J.F. *Petite histoire constitutionelle de la Suisse*. Berne: Franche, 1974.

AZAMBUJA, Darcy. *Teoria geral do Estado*. 22. ed. Porto Alegre – Rio de Janeiro: Globo, 1983.

BARACHO, José Alfredo de Oliveira. *Teoria geral do federalismo*. Rio de Janeiro: Forense, 1986.

BARCHI, Pier Felice. Les institutions politiques. *In*: *A la rencontre de la Suisse*. Lausanne: Office Suisse d'Expansion Commerciale, 1982.

BASTOS, Celso Ribeiro. *Curso de direito constitucional*. 11. ed. Reformulada de acordo com a Constituição Federal de 1988. São Paulo: Saraiva, 1989.

BASTOS, Celso Ribeiro. *Curso de teoria do Estado e ciência política*. 4. ed. São Paulo: Saraiva, 1999.

BAUER, Hans. *La Suisse d'aujoudhui*. Zurich: Office National Suisse du Tourisme, 1974.

BEVILÁQUA, Clóvis. *Teoria geral do direito civil*. Rio de Janeiro: Rio, F. Alves, 1975.

BISCARETTI DI RUFFIA, Paolo. *Direito constitucional* – Instituições de direito público. Trad. Maria Helena Diniz. São Paulo: Revista dos Tribunais, 1984.

BODIN, Jean. Los seis libros de la republica. Edición española. Aguilar de ediciones, 1973. Edición original *Les six livres de la république* 1576.

BONAVIDES, Paulo. *Direito constitucional*. Rio de Janeiro: Forense, 1986.

BONAVIDES, Paulo. *Ciência política*. 10. ed. São Paulo: Malheiros, 2001.

BONAVIDES, Paulo. *Teoria do Estado. São Paulo*: Malheiros, 2004.

BONAVIDES, Paulo. *Do Estado liberal ao Estado social.* São Paulo: Malheiros, 2004.

BURDEAU, Georges. *Manuel de droit constitutionnel* – conforme au programme des facultés de droit et l'écoles d'enseignement supérieur. Cinquième Édition, Paris: Librairie Générale de Droit et de Jurisprudence, 1947.

CAETANO, Marcello. *Constituições portuguesas*. 5. ed. rev. atual. pelo autor, com a análise da Constituição de 1976. Lisboa/São Paulo: Verbo, 1981.

CAETANO, Marcello. *Direito constitucional* (Direito comparado, teoria geral do Estado). Rio de Janeiro: Forense, 1977, v. 1.

CANOTILHO, José Joaquim. *Direito constitucional e teoria da constituição*. 7. ed. Coimbra: Almedina, 2003.

CAPRA, Fritjob. A Teia da Vida, 5. ed., São Paulo: Cultrix, 2001.

CARVALHO, Kildare Gonçalves. *Direito constitucional, Teoria do Estado e da Constituição* – Direito constitucional positivo. 20. ed. Belo Horizonte: Del Rey, 2013.

CARVALHO, Orlando M. *Resumos de teoria geral do Estado*. Belo Horizonte: Os Amigos do Livro, 1942.

CASTRO, Amílcar de. *Direito internacional privado*. 3. ed. Rio de Janeiro: Forense, 1977.

CENEVIVA, Walter. *Direito constitucional brasileiro*. São Paulo: Saraiva, 1989.

COELHO, Fábio Ulhoa. *Manual de direito comercial*. 14. ed. São Paulo: Saraiva, 2003.

COELHO, Sacha Calmon Navarro. *O controle da constitucionalidade das leis e o poder de tributar na Constituição de 1988*. Belo Horizonte: Del Rey, 1992.

COSTA, Wille Duarte. *Títulos de crédito*. Belo Horizonte: Del Rey, 2003.

COULANGES, Fustel de. *A cidade antiga*. Trad. Fernando de Aguiar. 10. ed. Lisboa: Livraria Clássica, [s.d.].

CRETELLA JÚNIOR, José. CINTRA, Geraldo de Ulhôa. *Dicionário Latino-Português*, 3. ed., São Paulo: Companhia Editora Nacional, 1953.

CULLOP, Floyd G. *The Constitution of the United States* – An introduction. New York: New American, 1984.

DALLARI, Dalmo de Abreu. *Elementos de teoria geral do Estado*. 25. ed. São Paulo: Saraiva, 2005.

DALLARI, Dalmo de Abreu. *O poder dos juízes*. São Paulo: Saraiva, 1996.

DÜRRENMATT, Peter. The Landsgemeinde: more than political folklore. *Gazette, Revista mensal da Swissair*, jul./77.

FAHRNI, Dieter. *Historia de Suiza*. Zurich: Pro Helvetia, 1983.

FAUSTO, Boris. *História do Brasil*. 2. ed. São Paulo: Ed. da Universidade de São Paulo: Fundação do Desenvolvimento da Educação, 1995.

FAVRE, Antoine. *Droit constitutionnel suisse*. 2. ed. Fribourg: Editions Universitaires, 1970.

FERREIRA FILHO, Manoel Gonçalves. *Comentários à Constituição brasileira* (Emenda Constitucional n. 1, de 17.10.69). 2. ed. São Paulo: Saraiva, 1977, 3v.

FERREIRA FILHO, Manoel Gonçalves. *Curso de direito constitucional*. 28. ed. São Paulo: Saraiva, 2002.

FERREIRA, Paulo Jorge Rijo. *O Tribunal Constitucional na Constituição da República portuguesa*. Trabalho para o Centro de Estudos Judiciários (inédito). Lisboa, 1982.

FIUZA, Ricardo Arnaldo Malheiros. *Direito constitucional comparado*. 5. ed. Belo Horizonte: Dey Rey, 2015.

FIUZA, Ricardo Arnaldo Malheiros. *Lições de direito constitucional e teoria geral do Estado*. Belo Horizonte: Lê, 1991.

GALVÃO TELES, Miguel. A concentração da competência para o conhecimento jurisdicional da inconstitucionalidade das leis. *O Direito*. Lisboa, a. 103, fasc. 3, jul./set. [s.d.].

GORDILLO, Augustin. *Princípios gerais de direito público*. Trad. Marco Aurélio Greco. São Paulo: Revista dos Tribunais, 1977.

GROPPALI, Alexandre. *A doutrina do Estado*. Trad. da 8. edição italiana, por Paulo Edmur de Souza Queiroz. 2. ed. São Paulo: Saraiva, 1968.

HAMILTON, Alexander; MADISON, James; JAY, John. *The federalist papers*. With an introduction and commentary by Garry Wills. Toronto: Bantam Books, 1982.

HAMILTON, Alexander; MADISON, James; JAY, John. *O federalista*. Trad. Hiltomar Martins Oliveira. Belo Horizonte: Líder, 2003.

HELLER, Hermann. *Teoria do Estado*. São Paulo: Mestre Jou, 1986.

HOBBES, Thomas. *Leviatã*. Trad. Alex Marins. São Paulo: Martin Claret, 2003.

HORTA, Raul Machado. Mudança constitucional. *In*: *Seminário Nacional de Direito Constitucional*. Escola de Advocacia da OAB-MG, Belo Horizonte, 19 nov. 1992.

HORTA, Raul Machado. *Direito constitucional*. 2. ed. Belo Horizonte: Del Rey, 1999.

HORTA, Raul Machado. *Estudos de direito constitucional*. Belo Horizonte: Del Rey, 1995.

HOUAISS, Antônio. VILLAR, Mauro de Salles. Dicionário Houaiss da Língua Portuguesa, 1. ed., Rio de Janeiro: Objetiva, 2001.

JACQUES, Paulino. *Curso de direito constitucional*. 8. ed. Rio de Janeiro: Forense, 1977.

JENNINGS, Sir William Ivor. *A Constituição britânica*. Trad. Carlos Alberto Lamback. Brasília: Editora Universidade de Brasília, 1981.

JELLINEK, Giorgio. *La dottrina generale del diritto dello Stato*. Traduzione italiana sulla terza edizione tedesca del dott. Modestino Petrozziello con una introduzione generale di Vittorio Emanuele Orlando. Milano: Dott. A. Giuffrè, 1949.

KELSEN, Hans. *Teoria pura do direito*. Trad. João Baptista Machado. 4. ed. Coimbra: Armênio Amado, 1976.

LASSALE, Ferdinand. *O que é uma Constituição?* Trad. Hiltomar Martins Oliveira. Belo Horizonte: Cultura Jurídica – Líder, 2002.

LIMA. Alceu Amoroso. Os Direitos do Homem e o Homem sem Direitos, 2, ed., Rio de Janeiro: Vozes, 1999.

LLORENTE, Francisco Rubio. *Constitución española*. Nota liminar. Madrid: Civitas, 1986.

LOCKE, John. *Dois tratados sobre o governo*. Trad. Julio Fischer. São Paulo: Martins Fontes, 2001.

LUPI, André Lipp Pinto Basto. O direito internacional e as zonas costeiras. http://jus2.uol.com.br/doutrina.

MAGALHÃES, José Luiz Quadros de. *Pacto federativo*. Belo Horizonte: Mandamentos, 2000.

MAGALHÃES, José Luiz Quadros de. O território do estado no direito comparado. Jus Navigandi. htpp://www1.jus.com.br/doutrina.

MALUF, Sahid. *Teoria geral do estado*. 23. ed. São Paulo: Saraiva, 1995.

MACHIAVELLI, Niccolò. *Comentários sobre a primeira década de Tito Lívio*. Trad. Sérgio Bath. 4. ed. Brasília: Ed. Universidade de Brasília, 2000.

MACHIAVELLI, Niccolò. *O príncipe*. Trad. Maria Júlia Goldwasser. 2. ed. São Paulo: Martins Fontes, 1996.

MANCE, Euclides André. *Redes de Colaboração Solidária*, Rio de Janeiro: Vozes, 2002.

MARIAS, Julián. *Una ultima palabra sobre "nacionalidades y regiones"*. Informaciones. Madrid, 17 mayo 1978.

MATA-MACHADO, Edgar de Godoi da. *Elementos de teoria geral do direito*. 3. ed. Belo Horizonte: UFMG, 1986.

MELLO, Celso D. de Albuquerque. *Curso de direito internacional público*. 14. ed. Rio de Janeiro – São Paulo: Renovar, 2002, v. 1 e 2.

MELO FILHO, José Celso de. *Constituição Federal anotada*. São Paulo: Saraiva, 1984.

MELO FRANCO, Afonso Arinos de. *Algumas instituições políticas no Brasil e nos Estados Unidos*; um estudo de direito constitucional comparado. Rio de Janeiro: Forense, 1975.

MELO FRANCO, Afonso Arinos de. *Direito constitucional*: teoria da Constituição. As Constituições do Brasil. Rio de Janeiro: Forense, 1976.

MENEZES, Aderson de. *Teoria geral do Estado*. Rio de Janeiro: Forense, 2004.

MIRANDA, Jorge. *Constituições políticas de diversos países*. Introdução, organização e tradução de Jorge Miranda. Lisboa: Imprensa Nacional – Casa da Moeda, 1979. 2.v.

MIRANDA, Jorge. *Constituição e democracia*. Lisboa: Petrony, 1976.

MIRANDA, Jorge.*Teoria do Estado e da Constituição*. Rio de Janeiro: Forense, 2002.

MONTESQUIEU, Charles de Secondat, Baron de. *O espírito das leis*. Trad. Cristina Murachco. São Paulo: Martins Fontes, 1996.

MONTORO, André Franco. *Introdução à ciência do direito*. 25. ed. São Paulo: Revista dos Tribunais, 1999.

MORAES, Alexandre. *Direito constitucional*. 17. ed. São Paulo: Atlas, 2005.

MORAIS, José Luis Bolzan de. *As crises do Estado e da Constituição e a transformação espacial dos direitos humanos*. Porto Alegre: Livraria Advogado, 2002.

MOREIRA ALVES, José Carlos. A evolução do controle de constitucionalidade no Brasil. *In*: TEIXEIRA, Sálvio de Figueiredo. *As garantias do cidadão na justiça*. São Paulo: Saraiva, 1993.

OLIVEIRA, Jamil Mattar de. *Constituição da República Federativa do Brasil*. Rio de Janeiro: Forense, 1982.

PAUPÉRIO, Artur Machado. *Introdução ao estudo do direito*. 3. ed. Rio de janeiro: Forense, 1996.

PELTASON, J. W. *Constitution of the United States*. Chicago: World Book, 1987.

PORTELA, Paulo Henrique Gonçalves. Direito Internacional Público e Privado, Salvador:JusPodium, 2009.

RANELLETTI, Oreste. *Istituzioni di diritto pubblico: il nuovo diritto pubblico della repubblica italiana*; parte generale. 13. Edizione aggiornata; Milano; Dott. A. Giuffrè, 1948.

REALE, Miguel. *Teoria do direito e do Estado*. 5. ed. São Paulo: Saraiva, 2000.

REDONDO, Margarida Belo. *Breve introdução ao direito inglês*. Boletim da Associação Cultural do CEJ – Centro de Estudos Judiciários, n. 0. Lisboa, 1983.

ROCHA, Osíris. *Curso de direito internacional privado*. 4. ed. Rio de Janeiro: Forense, 1986.

RODRIGUES, Leda Boechat. *História do Supremo Tribunal Federal*. Rio de Janeiro: Civilização Brasileira, 1965, v. 1.

ROSAS, Roberto. *O Poder Legislativo*. Brasília: Imprensa Nacional, 1981.

ROUSSEAU, Jean-Jacques. *O contrato social*. Trad. Antônio de P. Machado. Coleção Universidade de Bolso. Ediouro, [s.d.].

SAMPAIO, Nelson de Sousa. *O poder de reforma constitucional*. Bahia: Livraria Progresso, 1954.

SAMPAIO, Nelson de Sousa. *O processo legislativo*. São Paulo: Saraiva, 1968.

SANTANA, Jair Eduardo. *Revisão constitucional* – Reforma e emendas. Belo Horizonte: Del Rey, 1993.

SIEYÈS, Emmanuel Joseph. *A constituinte burguesa* – Qu'est-ce que le tiers État? Trad. Norma Azevedo. 4. ed. Rio de Janeiro: Lúmen Júris, 2001.

SIGG, Oswald. *Las instituciones políticas de Suiza*. Zurich: Pro Helvetia, 1983.

SILVA, José Afonso da. *Curso de direito constitucional positivo*. 24. ed. São Paulo: Malheiros, 2005.

SLAIBI FILHO, Nagib. *Anotações à Constituição de 1988*; aspectos fundamentais. 3. ed. Rio de Janeiro: Forense, 1992.

SOUSA, Marcelo Rebelo de. *Direito constitucional*. Braga, 1979.

TEMER, Michel. *Elementos de direito constitucional*. 17. ed. São Paulo; Malheiros, 2001.

SWITZERLAND/1977. *Kummerly + Frey, Geographical Publishers*. Berne, Edition 1977.

THURER, Georg. *La Landsgemeinde en Suisse*. Zurich: Pro Helvetia, 1972.

TOPORNINE, Boris. *A nova Constituição da URSS*. Trad. Asryantes. Moscou: Progresso, 1981.

TORRES, Mário. *Tribunais*: quem tem acesso ao Supremo? Expresso. Lisboa, 9 jan. 1982.

TSCHANI, Hans. *Profil de la Suisse*. Lausanne: Spes, 1972.

VALE, Oswaldo Trigueiro do. *O Supremo Tribunal Federal e a instabilidade político-institucional*. Rio de Janeiro: Civilização Brasileira, 1976.

VELLOSO, Carlos Mário da Silva. *Temas de direito público*. Belo Horizonte: Del Rey, 1994.

VITAL MOREIRA. *Constituição e revisão constitucional*. Lisboa: Caminho, [s.d.].

WILLIAMS, Richard L. A Suprema Corte norte-americana. Trad. Ricardo A. Malheiros Fiuza. *Revista da Escola Judicial Des. Edésio Fernandes*. Tribunal de Justiça de Minas Gerais. Belo Horizonte, 1981, v. 1., n. 1.

WALDKIRCH, Ed, Von. Resumo histórico. *In: Constituição Federal da Confederação Suíça.* Trad. Irene Truninger de Albuquerque e Maria Manoela de Avelar Pedrosa, [s. d.].

WILSON, Vicent. *The boock of the founding fathers.* Brookeville: American History Research Associates, 1985.

ZIPPELIUS, Reinhold. *Teoria geral do Estado.* Tradução do original alemão intitulado Allgemeine Staatslehre. 12. ed. München, 1994. 3. ed. Lisboa: Fundação Calouste Gulbenkian, 1997.

CONSTITUIÇÕES E LEGISLAÇÃO

ARGENTINA. Constitución de la Nacion Argentina; concordada con su reformas y antecedentes dor Helio Juan Zarini. Buenos Aires: Astrea, 1976.

BÉLGICA. La Constitucion Belge; convention de sauvegarde des droits de l'homme et des libertes fondamentales. Lier: Van In, 1981.

BRASIL. Constituição da República Federativa do Brasil. São Paulo: Saraiva, 2005.

BRASIL. Constituições do Brasil. Organização, revisão e confecção dos índices por Fernando H. Mendes de Almeida. 2. ed. São Paulo: Saraiva, 1958.

BRASIL. Constituição da República Federativa do Brasil. Organização dos textos, notas remissivas e índices por Juarez de Oliveira. 6. ed. atual. São Paulo: Saraiva, 1992.

BRASIL. Constituições Brasileiras: 1824/Octaciano Nogueira. Brasília: Senado Federal e Ministério da Ciência e Tecnologia, Centro de Estudos Estratégicos, 1999.

BRASIL. Constituições Brasileiras: 1891/Aliomar Baleeiro. Brasília: Senado Federal e Ministério da Ciência e Tecnologia, Centro de Estudos Estratégicos, 1999.

BRASIL. Constituições Brasileiras: 1934/Ronaldo Poletti. Brasília: Senado Federal e Ministério da Ciência e Tecnologia, Centro de Estudos Estratégicos, 1999.

BRASIL. Constituições Brasileiras: 1937/Walter Costa Porto. Brasília: Senado Federal e Ministério da Ciência e Tecnologia, Centro de Estudos Estratégicos, 1999.

BRASIL. Constituições Brasileiras: 1946/Aliomar Baleeiro e Barbosa Lima Sobrinho. Brasília: Senado Federal e Ministério da Ciência e Tecnologia, Centro de Estudos Estratégicos, 1999.

BRASIL. Constituições Brasileiras: 1967/Themístocles Brandão Cavalcanti, Luiz Navarro de Brito e Aliomar Baleeiro. Brasília: Senado Federal e Ministério da Ciência e Tecnologia, Centro de Estudos Estratégicos, 1999.

BRASIL. Constituições Brasileiras: 1988 / Caio Tácito. Brasília: Senado Federal e Ministério da Ciência e Tecnologia, Centro de Estudos Estratégicos, 1999.

ESPANHA. Constitución Española. Madrid: Ministério de Assuntos Exteriors (1978) 1979.

ESPANHA. Constitución Española. 10. ed. Madrid: Tecnos, 2000.

ESTADOS UNIDOS. Constituição dos Estados Unidos da América, s.n.t.

FRANÇA. Constitution Française du 4 octobre 1958. Paris: La Documentation Française, 1976 (Documents d'Études n. 1.04, Direction de Georges Burdeau).

FRANÇA. Les Constitutions de la France depuis 1789. Paris: Garnier Flammarion, 1995.

GRÃ-BRETANHA. Central Office of Information. Criminal Justice in Britain. London, 1982.

ITÁLIA. Costituzione della Repubblica Italiana. Supp. n. 5 di Veta italiana – Documenti e informazioni. Roma, 1972.

ITÁLIA. Costituzione della Repubblica Italiana. Milano: Pirola, 1993.

IUGOSLÁVIA. Constitución de la Republica Socialista Federativa de Iugoslávia. Beograd: Borba, 1974.

MÉXICO. Constitución. Constitución Política de los Estados Unidos Mexicanos. 15 de febrero de 1917) México: Trocalli, 1981.

MINAS GERAIS. Constituição do Estado de Minas Gerais. Organização Ralph Batista de Maulaz. 3. ed. Belo Horizonte: Del Rey, 2005.

MINAS GERAIS. Organização e divisão judiciárias de Minas Gerais (Resolução n. 61/75 – TJMG, adaptada pela Lei n. 7.655, de 21/12/79). Belo Horizonte: Lemi, 1980.

PORTUGAL. Constituição, 1976. Constituição da República Portuguesa. Lisboa: Imprensa Nacional/Casa da Moeda, 1976.

PORTUGAL. Constituição da República Portuguesa. Lisboa: Texto Editora, 1997.

PORTUGAL. Constituição da República Portuguesa e legislação complementar/Introdução de Marcelo Rebelo de Sousa. Lisboa: Aequitas e Notícias, 1992.

SUÉCIA. Dados sobre a Suécia. A lei e a justiça na Suécia. Estocolmo: Instituto Sueco, 1982.

SUÍÇA. Constituição. Constituição Federal de Confederação Suíça de 29 de maio de 1874; incluindo as modificações sofridas até maio de 1975, s.n.t.

URUGUAI. Constitución, 1966. Constitución de la República Oriental del Uruguay. Texto sancionado por La Asambleia General com fecha 24 de agosto de 1966 y aprobado en el plebiscito del 27 noviembre de 1966. Montevideo: Presidencia de la República, s.d.